清华大学国际与地区研究院·专著 IIAS

Institute for International and Area Studies, Tsinghua University · Monographs

南非经济特区发展和转型研究

杨崇圣 著

Studies on the Development and
Transformation of Special Economic
Zones in South Africa

中国社会科学出版社

图书在版编目（CIP）数据

南非经济特区发展和转型研究／杨崇圣著 . —北京：中国社会科学出版社，
2022. 10

ISBN 978 – 7 – 5227 – 0918 – 5

Ⅰ. ①南…　Ⅱ. ①杨…　Ⅲ. ①经济特区—经济发展—研究—南非共和国
Ⅳ. ①F147. 8

中国版本图书馆 CIP 数据核字（2022）第 184474 号

出 版 人	赵剑英
责任编辑	黄　晗
责任校对	刘　娟
责任印制	王　超

出　　　版	中国社会科学出版社
社　　　址	北京鼓楼西大街甲 158 号
邮　　　编	100720
网　　　址	http://www.csspw.cn
发 行 部	010 – 84083685
门 市 部	010 – 84029450
经　　　销	新华书店及其他书店

印　　　刷	北京君升印刷有限公司
装　　　订	廊坊市广阳区广增装订厂
版　　　次	2022 年 10 月第 1 版
印　　　次	2022 年 10 月第 1 次印刷

开　　　本	710 × 1000　1/16
印　　　张	15
插　　　页	2
字　　　数	206 千字
定　　　价	79.00 元

凡购买中国社会科学出版社图书，如有质量问题请与本社营销中心联系调换
电话：010 – 84083683

前　　言

非洲历来是中国最主要的投资伙伴之一，对中国具有全方位的战略作用。随着中国"一带一路"倡议的推行，中国和非洲各国在多领域协同合作、共谋共建，开展了大量的优质产能合作。未来中非在绿色发展、数字经济、电子商务、基建设施、生产制造等领域将会有更多合作，这些合作在非洲大陆的试点，尤其是制造业，往往依托园区项目先行。

非洲大陆发展园区经济的时间较短，但是其增量和发展速度却不容忽视。1970 年，毛里求斯开始兴建非洲第一个出口加工区，随后非洲各国开始纷纷踏入园区发展时代。2000 年后，大量中国企业入驻非洲各国园区，这不仅加强了中非经贸合作和往来，也间接拉动了非洲部分地区经济发展和帮助地方政府完善其基础设施建设，其中包括埃塞俄比亚东方工业园和埃及的泰达工业园等。但作为园区入驻企业和园区管理企业，在融入当地营商环境过程中，更多的是"水土不服"，园区的建设和管理也屡屡受挫。作为园区发展大国，中国园区成功的经验固然宝贵，但也由于中国政治、经济和历史上的独特性，园区的成功模式不可贸然复制。

鉴于此，基于在南非的田野和实践，笔者认为中非合作园区经济发展策略部署和发展推行上，若想实现双赢，在针对非洲园区经济的研究中，有以下三个主要问题需要解决。

1. 根本性问题：非洲园区发展基于其所在国家所体现出的差异性

和独特性，包括政治制度、经济发展、历史进程、文化习俗、法律法规等，即从园区这个"缩影"窥见国别和区域的"全图"。

2. 理论创新问题：既有园区研究理论和方法繁多，研究角度各异，研究手段多样，但在非洲园区研究问题上，这些理论、方法和手段是否能为园区发展提供创新性的视角并产生实际效应？相关理论是否能在非洲园区研究上有所外延和拓展？是否能指引并解决非洲园区发展中的实际问题？

3. 批判反思问题：中国的园区发展模式和经验是否在推行过程中会产生"水土不服"现象？园区所在国政府和市场的角色和功能是否在园区发展中被明确定义？

对这些问题的思考，需要大量的实践、长期的田野和潜心的研究，这也是笔者未来很多个三年要延展的研究议题。

用一句话自勉："业精于勤荒于嬉，行成于思毁于随。"

目　　录

第一章

绪　　论

第一节　选题背景

一　世界园区体量巨大

园区①经济目前在世界范围内呈快速发展态势。截至 2019 年，全球各国园区数量 5383 个，其中有超 1000 个园区于过去五年间建立。② 目前全世界共有 140 多个经济体推行了园区发展战略，约 75% 的发展中经济体和几乎所有的转型经济体都大力开展园区项目。③ 根据各国经济水平、政治制度、产业政策、发展规划等实际情况，园区也分化为不同类别，其中常见的有综合性经济特区、高新科技园区、出口加工区、自由贸易区、自由港、企业区以及生态工业园区等。

亚洲园区发展体系较为成熟，发展历史也相对较长。一部分国家已享受了园区发展带来的区域乃至国家经济增长红利，比如中国、

---

　　① "园区"即"经济特区"（Special Economic Zones，简称 SEZs），为集合名词，本书使用的"经济特区"翻译来源于南非库哈工业区发表的信息手册中文版。世界银行的经济学家在表述相同含义的概念时，使用的即是 Special Economic Zone，但是其内涵更丰富，包含了各种不同类型的"园"与"区"概念，如出口加工区、保税区、经济技术开发区（经开区）、高新技术产业开发区（高新区）、开发区、产业园、科技园等。中国相关研究中，"园区"一词也包括了各种不同类型的"园"与"区"。

　　② UNCTAD, *World Investment Report* 2019：*Special Economic Zones*, Geneva, 2019.

　　③ UNCTAD, *World Investment Report* 2019：*Special Economic Zones*, Geneva, 2019.

日本、泰国、新加坡等。其他国家，特别是诸多发展中国家也开始尝试模仿这一发展策略。对于发展中国家而言，发展园区经济具有两方面优势因素：第一，相较全国性推行经济发展策略，园区可以作为试点先行，不论是工业基础设施成本还是园区建设成本都在可承受范围内，也能经受得起"试错"的损失。[①] 第二，园区可作为制度深化改革和不同经济发展手段的"实验室"，园区若发展成功，则可以把园区内发展模式灵活运用到其他区域，成为区域经济增长的主导力量。[②]

针对园区经济的既有研究可谓汗牛充栋，研究主题主要围绕园区与制度、社会、文化等的关系，产业链，相关企业和研究机构对园区的影响，园区组织结构的变化，园区和区域增长等不同方面展开。结合这些研究主题，学者们灵活运用案例研究描述、数理模型推导、统计数据分析、评测指标搭建等各类方法在经济、管理、地理、农业、环境等领域对园区发展进行了多方面研究。

二 非洲园区数量递增

非洲大陆发展园区经济的时间较短，但是其增量和发展速度却不容忽视。1970 年，毛里求斯开始兴建非洲第一个出口加工区，并于同年制定了《出口加工区法》（Exporting Processing Zone Act）。随后非洲各国开始纷纷踏入园区发展时代，加纳、塞内加尔和利比里亚等国都落地了园区项目。[③] 表 1 - 1 中列出了自 20 世纪 70 年代到 2000 年期间非洲各国发展园区的先后顺序。相较其他地区园区发展历史，大多数非洲国家在园区发展领域属于后起之秀。虽然大部分非洲国家经济增长相对缓慢，在一定程度上影响着园区发展，但并不能代表园区策略推行的失败，而

---

① UNCTAD, *World Investment Report* 2019：*Special Economic Zones*, Geneva, 2019.
② 罗小龙、梁晶、郑焕友：《开发区的第三次创业——从产业园到城市新区》，中国建筑工业出版社 2014 年版。
③ UNCTAD, *World Investment Report* 2019：*Special Economic Zones*, Geneva, 2019.

应持续观望。① 截至 2019 年，非洲共有 237 个不同类别园区，其中 51 个仍在建设中。此外，非洲还有 53 个园区建设已提上议程。② 目前拥有园区数量排名前五的国家分别是肯尼亚（61 个）、喀麦隆（38 个）、埃塞俄比亚（18 个）、埃及（10 个）和尼日利亚（9 个）。③ 在园区产业侧重方面，非洲大多数园区产业发展主要目标为强化低技能和劳动密集型产业的制造和出口，如服装制造和纺织品生产等。

表 1 - 1　　　　　　　　　　非洲国家发展园区顺序

20 世纪 70 年代	20 世纪 80 年代	20 世纪 90 年代	2000 年
利比里亚 塞内加尔 毛里求斯	吉布提 多哥	布隆迪 喀麦隆 佛得角 赤道几内亚 加纳 肯尼亚 马达加斯加 马拉维 莫桑比克 纳米比亚 尼日利亚 卢旺达 塞舌尔 苏丹 乌干达 津巴布韦	加蓬 冈比亚 马里 南非 赞比亚 厄立特里亚 毛里塔尼亚 坦桑尼亚

资料来源：Farole T. , *Special Economic Zones in Africa：Comparing Performance and Learning from Global Experience*, Washington D. C. : The World Bank, 2011, p. 68.

近年来，非洲国家在园区工程建设和发展实践方面得到了双边和多边支援。为响应国家"走出去"战略和"一带一路"倡议，中国

---

① Farole T. , *Special Economic Zones in Africa：Comparing Performance and Learning from Global Experience*, Washington D. C. : The World Bank, 2011.
② UNCTAD, *World Investment Report 2019：Special Economic Zones*, Geneva, 2019.
③ UNCTAD, *World Investment Report 2019：Special Economic Zones*, Geneva, 2019.

企业与非洲各国积极开展合作，为当地园区发展出谋划策、分享经验，促成了众多境外园区合作项目。1999 年开始的埃及苏伊士经贸合作区，是中国和非洲合作的第一个境外园区合作项目。中国于 2006 年决定在全球范围内建立 50 个境外园区，其中有 7 个在非洲。截至 2020 年，通过中国商务部和财政部制定的考核办法的境外合作园区共计 20 个，其中 4 个位于非洲。这些园区分别是：埃及苏伊士经贸合作区、赞比亚中国经济贸易合作区、尼日利亚莱基自由贸易区（中尼经贸合作区）以及埃塞俄比亚东方工业园。① 境外合作园区项目的推广和落地，为非洲各国园区提供了从资金到经验乃至技术的扶持，也为非洲各国提供了新的园区发展思路。

三 南非园区发展迟缓

相较非洲其他国家，南非园区发展似乎有些黯然失色。从表 1 – 1 中可发现，与大多数推行园区发展战略的非洲国家相比，南非园区起步较晚，第一个工业开发区库哈（Coega）建立于 2000 年，而后 12 年间在全国范围内陆续建立了 4 个园区。另外，没有任何一家南非园区被列入中国与非洲国家开展境外经贸合作区的名录之中。虽然中南两国政府已达成协议，计划在南非推行 3 个合作园区，分别是中国南非科技园、海信家电产业园和北汽南非工业园区，但就目前项目进程和发展来看，效果并不理想。加之 2020 年新冠肺炎疫情在全球范围爆发，南非的确诊人数为非洲之首，经济前景更加低迷，使得园区发展之路愈发坎坷。

南非贸工部于 2012 年对南非 4 个工业开发区（Industrial Development ment Zones，IDZ）进行整体评估，认为这些园区的发展并未达到当初设定的预期目标，甚至可以判定成"失败"。为了更有效推行园区发展项目，新南非政府把所有工业开发区转型成经济特区（Special Eco-

---

① 《通过确认考核的境外经贸合作区名录》，http://fec. mofcom. gov. cn/article/jwjmhzq/article01. shtml。

nomic Zones，SEZs）并于 2014 年通过《经济特区法案》（*Special Economic Zone Bill*），明确了南非园区的转型和发展目标并对南非国境内各个园区规划做出框架性说明。①

时至今日，南非各园区仍然依靠政府拨款维持运营，无一达到自负盈亏的目标，更不可能实现盈利。南非最大、成立时间最早、相较其他园区发展更好且得到政府投入和支持最多的库哈园区从建立距今已经 20 年，但从园区入驻企业数量、产生的经济规模效应、带来的经济增长等几个主要衡量方面来看，该园区的表现并不尽如人意。作为撒哈拉以南非洲经济的桥头堡、非洲的老牌工业强国，南非在园区发展上却屡战屡败，用 20 年摸索出来的园区发展路径收效甚微，导致这一现状的具体因素是本书关注的核心。

第二节 研究动机和对象

一 研究动机

本书的研究动机主要来自三个方面。第一，南非是非洲经济和工业大国，但是在发展园区经济上却反响平平，新南非政府自身对其园区发展的评估结果也是"低于预期"，其中的原因值得探究。第二，在梳理文献时笔者发现，有关南非园区发展的研究数量极其有限，研究角度多样但未在某一特定话题领域有所集中，研究重点基本呈散状分布。基于此，系统性地整理、分析和探讨南非园区发展是有必要的。第三，从理论层面上来看，传统园区理论在讨论全球园区日新月异的发展上，不能完全确保对不同园区面临的问题和挑战做出有效解释，比如针对政府和园区管理者的职能边界的讨论，在传统园区文献中很难觅其踪迹。因此，需要尝试引入新的理论体系来完善园区研究

---

① 为了更符合中文语境中经济特区的概念表达，本书全部使用中国学者常用的"园区"一词对应英文的 Special Economic Zones。在本书中，南非的工业开发区和经济特区都属于"园区"，因此可以相互替换。

框架。本书尝试引入多边市场理论来分析南非园区发展，同时也反向评估该理论体系在分析南非园区发展上的有效程度。

二 研究对象

在研究对象选择上，本书不存在选择偏差。本书分为总体研究和抽样研究两个类别。总体研究对象为南非的所有园区，通过对南非园区的整体发展状况进行分析，基于各类信息源，尽可能还原南非园区发展实际情况，并加深对南非园区发展规律和特性的认知。抽样研究对象为南非建立时间最早、发展相较其他园区最快、政府投入支持最多、规模最大的园区——库哈园区。

第三节 研究目标和问题

一 研究目标

本书分别以南非现运营园区整体状况和库哈园区作为整体研究对象及抽样研究对象，运用多边市场理论，追踪南非园区的发展轨迹，定义政府在园区发展中的职能，探讨其在园区转型过程中的角色，并在理论和案例两个维度给出建议。

二 研究问题

在现有文献中，笔者发现不同理论对于园区的探讨虽各有侧重，但对园区发展中园区活动的参与者，比如政府、园区运营者和园区企业的职能缺乏系统性的分析。此外，既有研究中对政府职能和市场作用的探讨多属于实践层面，缺乏有效的理论支持框架。随着世界各地园区数量迅速增加，传统的园区研究相关理论，比如工业区位理论、产业集群理论、增长极理论等并不能有效覆盖园区发展中出现的所有问题，尤其是在园区经济活动的参与者讨论中，这些理论几乎都未全覆盖政府、园区运营者和园区企业等参与要素。因此，为了延展园区理论的脉络，细化研究范围，本书的一般性研究问题是，在园区经济发展过程中政府和市场的作用是什么？通过对传统园区研究理论、多边市场理论和生态型园区进行梳理，并结合三个对应的园区发展案例，本书认为政府在园区发展的不同阶段其功能必须有所调整，以便更好回应园区发挥各个阶段的需求。

南非园区发展道路并不顺畅，从 2000 年开始后成立工业开发区后的 12 年间，并未取得突破性进展，因此新南非政府决定在 2012 年对所有园区进行战略转型，从以往的工业开发区转型为经济特区。2014—2020 年，转型后的南非园区发展依旧乏力。新南非政府在整个园区发展路径上扮演着主导者的角色。虽然针对南非园区的发展和转型已有相关研究，但是研究重点各异，研究焦点分散，并未形成系统性的针对南非园区研究的体系，针对新南非政府和园区发展之间的关联研究也非常有限。基于此，笔者对南非园区发展困境提出思考，在现有研究不足且对南非园区发展的指导性不高的情况下，是否可以基于一种新的理论体系——多边市场理论来思考：在南非园区发展和转型中，新南非政府应该发挥什么样的作用让其园区经济实现可持续性发展和更好地面对市场？

第四节　研究意义和创新

一　研究意义

南非园区相关的研究数量较少，持续关注南非园区发展的学者也不多。在查阅了尽可能多的关联文献后，笔者发现大部分对于南非园区的研究都是描述性分析，或者基于其他研究话题附带对南非园区进行讨论，聚焦园区发展和转型的研究有限。本研究聚焦于南非园区，对其发展进行了系统性梳理，并尝试引入一个较新的理论框架探讨园区发展和转型问题，然后通过比较研究给出建议。

二 研究创新

本研究的理论创新有三点。第一，除了回顾传统园区理论和由政府主导的园区发展模式，本书引入了多边市场理论定义政府和市场在园区发展中的职能，并强调园区应该以市场化方式发展，即以平台形式运作。同时，本书对平台型园区发展的下一个阶段——生态型园区相关概念和理论也做了系统性梳理。从园区理论创新来看，本书在理论研究上从园区活动参与者角色视角对既有理论进行了细化，同时对园区形态发展理论脉络进行了延伸，为园区理论研究提供了新的思考方式。

第二，南非园区研究总体比较薄弱，没有形成有体系和机制的研究脉络。新南非政府对南非园区发展起决定性作用，对园区的策略推进有决定性话语权。但相关南非园区研究中，对园区管理者的研究相对有限。因此，本书通过引入多边市场理论，基于平台经济学视角对南非园区发展进行探讨，进一步丰富南非乃至世界园区发展和转型的理论内涵，为南非园区的可持续发展提供新的思路。

第三，在使用多边市场理论分析南非园区发展中政府、园区企业和园区管理者职能时，笔者发现该理论体系可以定位和划分各园区活动参与者的角色，但是在讨论如何发挥其角色和职能时，其理论贡献有限。南非的园区发展在明确职能归属主体后，在探讨园区如何转型以及其转型路径方面，需要考虑更多理论框架之外的因素，比如南非种族隔离史、政党斗争以及法律体系等。这些从"职能定位"到"如何实施"这个过程中出现的思考，也为多边市场理论体系的拓展提供了新的方向。

从实践上看，本研究立足于南非园区发展转型的历史背景和实际问题，通过对南非园区发展脉络的梳理和库哈园区案例的实证研究，探讨南非园区发展中的政府职能，分析园区发展中存在问题和未来挑战。以多边市场理论视角研究南非园区发展和转型实践，可以为新南非政府和园区经营者提供新的发展策略，可以帮助南非其他待建园区找到合适的发展策略，也为面临园区转型之痛的其他国家提供经验借鉴。

本研究也对南非潜在的投资者、南非园区现有和计划入驻企业有一定的商业价值。对于南非潜在投资者而言，可以通过本研究加深对南非营商环境的了解。对于园区企业而言，本研究可以为其投资计划提供更多建议，帮助企业做出理性决策，减少不必要的损失。

第五节　研究框架和方法

一　研究框架

本书以多边市场理论为基础，通过对南非园区整体和单一案例的实证研究，以及在五个维度对中国和南非园区进行了比较分析。基于以上的研究动机和对象、目标和问题，本书的研究思路和框架如下（见图1-1）。

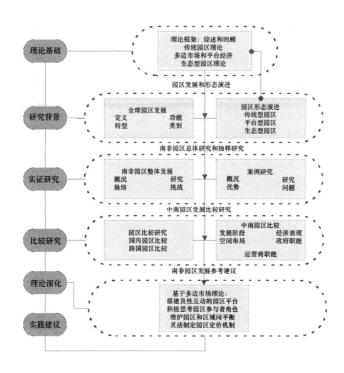

图1-1　研究思路和框架

资料来源：笔者自绘。

二 研究方法

本书采用了三角校正法（Triangulation）作为研究方法。这种方法涵盖了定量和定性分析、案例研究和实证分析等不同研究方法，可以被解读为结合使用各类研究理论、相关资料以及不同方法，对单一主体展开分析的一种研究方法。[①] 三角校正法的灵活使用，可以为研究话题提供更全面的观察、更丰厚的数据和信息来源以及产生相对来说更全面、客观的研究结果。[②] 本书以三角校正法作为基本方法论框架，笔者具体采用的研究方法包括实地调研法（对于南非各园区信息的实地采集）、文献分析法（对现有园区理论和南非园区研究文献的分析和梳理）、案例研究法（库哈园区）和比较分析法（南非和中国园区发展对比）。

实地调研法：笔者于 2014 年 8 月至 2016 年 12 月在南非完成了与本书相关的实地调研，对南非园区研究的学者、不同园区的工作人员、入驻企业代表和相关政府部门人员进行了详细和充分的访谈，积累了大量南非园区一手物料，了解了南非园区的发展历程和转型机制。在而后的物料整理阶段，也保持了相关信息和数据的及时同步。此外，笔者还先后前往国内不同园区进行调研，以丰富研究的视角和认知。

文献分析法：基于研究资料信息的时效性、权威性和准确性三个标准，笔者结合文字资料收集和实地调研信息进行综合分析。文字资料的来源包括期刊文章、正式出版书籍、南非各政府部门官网信息、各个园区官网信息、报纸、新闻报道、杂志等；实地调研信息的主要获取渠道包括访谈、问卷调查、会议记录及档案等。

---

① 沈晖：《三角校正法的意义及其在社会研究中的应用》，《华中师范大学学报》（人文社会科学版）2010 年第 4 期。

② Jick，T. D. ，"Mixing Qualitative and Quantitative Methods：Triangulation in Action"，*Administrative Science Quarterly*，Vol. 24，No. 4，1979。

案例研究法：在本书的案例研究章节中，笔者将说明性案例研究（Illustrative Case Study）与累积性案例研究（Cumulative Case Study）两种方法相结合，以此展现库哈园区发展的案例。选择这两种案例研究法的原因是说明性案例研究可以帮助受众加快对库哈园区的了解，使陌生的信息和情景变得熟悉；累积性案例分析则能帮助笔者有效整合在不同时间和地点收集的各类信息，将以往的研究信息尽可能泛化和整合，让案例信息传达更为准确和有逻辑。

比较分析法：本书在文献分析、园区转型、中南园区发展等部分都使用了比较分析法，目的在于通过合理比较体系的搭建，可更深刻认知研究对象的本质和发展规律。基于对比较对象的观察和分析，可以提炼、概括、演绎对南非园区发展路径更深的思考，以及对园区研究理论的创新性的观点。本书在第三章和第六章使用中国园区为例的原因是，中国和南非同属发展中国家；相较南非，中国的园区发展历程时间较长，成功和失败的经验和案例也比较充足，能够为南非园区发展提供必要参考。

第六节　研究架构

本研究内容共分为八章。具体如下：

第一章为绪论。该部分主要描述了本研究的选题背景、动机和对象，同时明确了研究目标和问题，提出本研究研究意义和创新，并对研究框架和方法以及研究架构做出说明。

第二章对园区发展研究中不同理论体系下的代表性观点和研究者进行梳理，把园区研究分为传统园区理论、多边市场理论和生态型园区理论三个主要体系。本章对不同理论中是否覆盖政府、园区运营者和园区企业三个行为主体进行了对比。结合南非园区发展实况，明确了多边市场理论为本书的主要理论框架和理论依据。

第三章的主要功能是阐释本书的研究背景。本章对世界园区发展进行了简单描述，然后明确了园区的定义、功能、转型和总结了园区的八种类别。结合中国的园区发展轨迹，引入中关村、苏州工业园和天津滨海新区三个案例，将园区经济形态归纳为传统型园区、平台型园区、生态型园区三种不同类型。三种园区类型的同时呼应了第二章中三个园区研究的理论体系。本章阐述了在园区发展中，政府职能应不断做出调整，使其更为匹配园区每个阶段的发展特性，实现政府、园区、企业和外部环境的有机共生。

第四章和第五章是本书的实证研究部分。第四章介绍南非园区的概况，并对现有的南非园区研究按照前期调研（1985—2000年）、初步发展（2001—2012年）和转型突破（2013年至今）三个阶段进行分析。本章对南非园区的发展脉络进行了详细梳理，发现南非园区的建立是为了解决自种族隔离遗留下来的空间不平等问题，园区发展由政府主导。南非园区本身带有浓厚的空间干预措施属性，以及南非园区在转型和探索中承载功能过多。本章还尝试梳理南非园区面临的发展挑战，包括园区过度依赖政府拨款、难以实现自负盈亏、结构性缺陷挫败投资热情、相较世界和非洲其他国家并无园区特殊性以及园区选址科学性有待考虑。

第五章为案例研究。笔者挑选了南非规模最大、历史最长和相对其他园区发展最好的库哈园区作为案例，分析了该园区发展的主要优势和问题。该园区发展的主要优势包括区位和基建优势、政府扶植力度强、就业培训体系完善以及南非的投资环境较稳定。主要问题包括该园区在创造可持续就业岗位上表现不佳，劳工质量不高；南非各级有权管理园区发展的政府机构和部门的管理混乱；南非劳动法更多倾向于保护劳工权力，工会势力强大，让投资者望而却步。结合多边市场理论，本章把这些园区发展优势和问题进行了梳理，界定了新南非政府和库哈园区管委会对这些活动的参与程度。

第六章为比较研究。笔者在五个层面对中国和南非进行了比较，分别是园区的发展阶段、经济表现、空间布局、政府职能和运营商职能。选择中国作为比较对象的目的有二：一是中国的园区发展起步较早，发展过程中有大量宝贵经验可以借鉴，且中国和南非同属发展中国家；二是中国和南非有境外经贸合作区项目待启动，通过对比和总结双方园区发展特点，能强化彼此的了解，助力合作项目的顺利开展。

第七章为理论深化和实践建议。基于多边市场理论，结合南非园区发展的各类问题，笔者给出了四点建议：政府应和园区管理者积极合作，搭建良性互动的园区平台；园区建设参与主体应该重新思考其角色定位和应该发挥的职能；政府和园区平台经营者应该共同维护园区和所出区域的生态平衡；灵活制定园区的价格体系。

第八章为结论，主要针对南非园区发展和转型问题研究要点进行总结，同时评估多边市场理论框架在本书中的有效度。此外，还列举了本研究的不足和有待提高之处，并对后续研究做出规划。

第二章

文献回顾

伴随着园区经济快速发展，国内外学者在构建园区研究理论体系和分析园区发展实践等领域也卓有建树。这些研究方法多样，视角新颖，且横跨不同学科，从定量分析到案例研究，从经济管理到地理工业，围绕着园区与制度、社会、文化、环境等不同要素之间的关系，为园区研究体系增砖添瓦。这些研究对于海内外各种园区的积极和可持续发展提供了宝贵建议。

第一节　传统园区理论

传统园区理论体系主要包括产业集群理论、增长极理论、区域经济发展梯度理论和三元参与理论等。产业集群理论最早可追溯至20世纪初马歇尔（Marshall）提出的"产业区"（Industrial District）概念；之后，从韦伯（Weber）的工业区位理论，到库鲁格曼（Krugman）的新经济地理学思考，再到波特（Porter）的产业集群和钻石模型，都对产业集群理论的形成和发展做出了重要贡献。增长极理论则对区域发展有了更为广泛且深入的探讨，是园区经济形态存在的有力理论指导。区域经济发展梯度理论是中国学者结合前人学者的理论，基于中国经济发展历史和现状发展并完善的独创性理论。三元参与理论则深度探讨了政府、园区企业和科研机构及高校在高新科技园区中的职能。

一　产业集群理论

在过去半个世纪，产业集群研究被快速普及，并作为全球化经济体系下各国提高竞争力的重要战略被广泛应用于多个领域。一个园区可以被定义为一个"集群"（cluster），大量园区研究及其理论框架都基于集群理论和经济集聚理论，以及其他一些组织理论。①

马歇尔在他提出的"产业区"概念中指出了产业集群与外部经济之间的密切联系。② 韦伯作为第一个使用"聚集"一词的社会科学家，提出产业复合体理论（Industrial Complex Theory）并引入了空间分析系统。③ 库鲁格曼从新地理经济学理论角度，对产业集聚的生成机制提供了解释，第一次通过数学建模的方式分析并证明了工业集聚效应能促使制造业中心区域的成型。④ 这些学者对产业集群理论体系的形成和发展都做出了极大贡献，奠定了产业集群理论在园区研究中的重要地位。

但是，"集群"一词经常被不加区分地以不同方式使用，导致其含义变得越发模糊。伊斯玛利亚（Ismalina）指出，目前还没有一个系统框架以概念性和分析性方式探讨工业集群的作用。⑤ 定义的模糊性导致了集群概念的混淆。马丁（Martin）和森利（Sunley）以及沃尔曼（Wolman）和辛卡皮（Hincapie）的研究中列出了集群的几种常见概念，在这些概念中，有一些侧重讨论企业间的关系，另一些则侧

① 一些研究也使用术语"聚集"，英文都为 cluster。

② Marshall, A., *The Principles of Economics*, 8th ed. London: Macmillan and Co., Ltd., 1890/1920.

③ Weber, A., *Theory of Location of Industries*, 5th ed. U. S.: University of Chicago Press, 1909/1929.

④ Krugman, P., *Geography and Trade*, Cambridge: MIT Press, 1991.

⑤ Ismalia, P., *An Integrated Analysis of Socioeconomic Structures and Actors in Indonesian Industrial Clusters*, Groningen: University of Groningen, 2011.

重于考察企业之间关系之外更广泛的联系。① 马丁和森利认为，"集群"概念的使用者众多、其内涵和意义也有不同解读，如表2-1所示，在不同学者研究视角下，"集群"的定义各异。随着现实社会和经济发展，集群的含义也在不断扩大：它可以是一个区域、一个城镇、一个城市或者一个园区。因此，马丁和森利认为，"集群"概念的过度泛化和指意不明使其成为一个"混乱概念"。②

表2-1   "集群"概念的不同解读

学者	提出年份	定义
马歇尔 （Marshall）	1890	集群是一种外部经济，它是由劳动力市场资源和跨公司人员流动、供应商专业化以及知识溢出所共同创造的
库鲁格曼 （Krugman）	1991	集群是基于规模效益增加和货物运输成本降低等要素的企业共同选址决策
萨克森尼 （Saxenian）	1994	作为社会和制度现象的集群：技术变革、组织、社会网络以及市场所处的其他非市场关系：企业内部和企业之间的组织，企业之间的关系
恩莱特 （Enright）	1996	区域集群指成员企业之间彼此邻近的产业集群
斯万和普雷韦泽 （Swann & Prevezer）	1996	集群是某一区域内某一产业内的企业群体
施米茨 （Schmitz）	1997	集群是企业在地理和产业上的集中
罗森菲尔德 （Rosenfeld）	1997	集群是指由于地理位置接近和相互依赖能产生协同作用的企业的聚集，即使它们的就业规模可能并不明显或突出

---

① Martin, R., Sunley, P., "Deconstructing clusters: chaotic concept or policy panacea?", *Journal of Economic Geography*, Vol. 3, No. 1, 2003; Wolman, H., Hincapie, D., *Clusters and Cluster-Based Development: A Literature Review and Policy Discussion*, Washington: George Washington Institute of Public Policy (GWIPP), 2010.

② Martin, R., Sunley, P., "Deconstructing clusters: chaotic concept or policy panacea?", *Journal of Economic Geography*, Vol. 3, No. 1, 2003.

学者	提出年份	定义
费泽 （Feser）	1998	经济集群不仅是相互关联的互利机构，而且可以通过它们之间的关系打造为更具竞争力的关联互利产业和机构
波特 （Porter）	1998	集群是指在地理上临近且通过共性和互补性联系聚集在一起的相互关联企业和特定领域相关机构的群体
斯万和普雷韦泽 （Swann & Prevezer）	1998	集群是指在某一特定地点的属于相关行业的大量企业
罗兰特和赫塔格 （Roelandt & Hertag）	1999	集群可以被描述为高度相互依赖的企业（包括专业供应商）的生产者网络，它们在一个增值的生产链中相互连接
西米和森尼特 （Simmie & Sennett）	1999	创新集群是大量相互关联的产业和/或服务型企业，这些企业通常通过供应链进行高度协作，并在相同市场条件下运营
希尔和布伦南 （Hill & Brennan）	2000	一个有竞争力的产业集群是存在竞争关系的企业在地理位置上的集中，或同一行业中与该地区其他行业有密切买卖关系的企业群，这些企业又或者共享专业化劳动力资源，为企业提供相对于其他地区同行业的竞争优势
克劳奇和法雷尔 （Crouch & Farrell）	2001	更普遍的"集群"概念意味着一种更松散的东西：拥有类似业务类型的企业倾向于紧密地分布在一起，尽管它们在一个地区并不是特别重要
范登伯格等 （Van den Berg et al.）	2001	"集群"一词的关系与局部或区域网络维度更为密切。大多数定义中的集群是专业组织的局部网络，这些组织的生产过程通过商品、服务和/或知识的交换紧密联系在一起
罗森菲尔德 （Rosenfeld）	2005	集群不过是相互关联的企业和机构地理上的集中，其规模足以产生外部效应
科特赖特 （Cortright）	2005	产业集群是指一群企业和相关经济行为体以及机构，它们彼此相邻，并从它们的相互接近和联系中获得生产优势
格莱泽和戈特利布 （Glaeser & Gottlieb）	2009	聚集经济就是商品、人员和交流成本的减少

续表

学者	提出年份	定义
沃尔曼和辛卡皮 （Wolman & Hincapie）	2015	区域集群是指将该区域内的企业生产类似或相关产品、使用类似流程或从事类似职能

资料来源：Martin, R. & Sunley, P. , "Deconstructing Clusters: Chaotic Concept or Policy Panacea?", *Journal of Economic Geography*, Vol. 3, No. 1, 2003; Wolman, H. , Hincapie, D. , "*Clusters and Cluster-Based Development: A Literature Review and Policy Discussion*", unpublished, George Washington Institute of Public Policy (GWIPP), 2010.

二 增长极理论

佩鲁（Perroux）于 20 世纪 50 年代 提出的"增长极"（Growth Pole）概念被认为是一种非常契合解释园区规划和发展的理论。这种不平衡发展理论是在现代系统科学和现代自然科学的基础上发展起来的，尤其是物理学和数学。佩鲁认为，陈腐的空间方位认知导致了一种政治空间、经济空间以及人文空间重合的错觉，这种学说掩盖了"地理空间"和"经济空间"之间的差异。[1] 虽然经济空间通常是根据某一地理空间拓展而来，但佩鲁认为，经济空间并不限于某一特定区域，确定一个经济空间的地理位置是困难的，因为经济空间具有跨区域、跨部门、跨行业和跨边界等特性。[2]

佩鲁在其研究中把经济空间比做一个力场，由不同中心（或极点、焦点）组成，能产生各种离心力和向心力。这些中心类似磁极，每个所产生的引力和斥力带来相互交织的场域。这些力场和其他力场相互联合、交汇又形成更大场域。因此，经济空间并非总处于非平衡发展的极化状态中。把这一假设引入国家经济的发展中后，佩鲁指

---

[1] Perroux, F. , "Economic Space: Theory and Applications", *Quarterly Journal of Economics*, Vol. 64, No. 1, 1950.

[2] Perroux, F. , "Economic Space: Theory and Applications", *Quarterly Journal of Economics*, Vol. 64, No. 1, 1950.

出，一个国家的经济是由不同经济空间组成的，经济的增长不会同时发生在所有区域，而是不同程度发生于某些增长极或增长点上。这些增长点或增长极存在于不同地区、行业或部门。某个区域的经济增长发生后，会通过不同途径使其影响力和吸引力向外拓展，逐渐形成磁极效应，带动邻近区域的发展。增长极是一个多功能经济活动的中心，在某一区域中，一批企业围绕着主导部门或创新能力强的企业一起发展，随着外部性不断增加和扩散，这个中心能组件辐射周边，带动其他经济部门乃至区域经济的发展。①

在《关于"增长极"概念的注释》一文中，佩鲁指出增长并不会同时出现在所有地方，一个国家要实现所有区域、产业和部门的平衡增长是不现实的。增长会通过不同路径拓展和发散，从一个中心向其他部分传导和延展，对局部乃至整体经济发展都会产生积极效应。②

有学者指出增长极理论忽视了两个问题：一是增长极理论基于抽象经济空间展开的讨论，在实际运用上缺乏可操作性；二是该理论侧重讨论增长极的正面效用，缺少对其负面效应的反思和探讨。③

缪尔达尔（Myrdal）对增长极理论进行了深入研究，进一步划分了"回波效应"（回流效应）和"扩散效应"（涓流效应）。回波效应是指增长极即发达区域会对周围不发达区域的发展造成阻碍或消极影响。在该效应影响下，各个生产要素会朝着增长极回流，从而进一步拉大区域之间经济层面的差距。"扩散效应"是指各生产要素不断从增长极溢出，进而流入周围的不发达区域，这个过程会有利于带动周围区域的经济增长。缪尔达尔指出，由于市场机制的作

---

① Perroux, F., "Economic Space: Theory and Applications", *Quarterly Journal of Economics*, Vol. 64, No. 1, 1950.

② Perroux, F., "Note on the Concept of 'Growth Poles'", in Mckee, D. L., Dean, R. D., Leahy, W. H., *Regional Economics: Theory and Practice*, New York: Free Press, 1955/1970.

③ 颜鹏飞、马瑞：《经济增长极理论的演变和最新进展》，《福建论坛》（人文社会科学版）2003 年第 1 期。

用，回波效应的发生总是大于并且早于扩散效应，也就是某一个区域发展会高于其他所有区域的平均水平，其增长优势会被不断强化，进而导致区域发展不平衡进一步加深。基于此因果累积循环关系，处于增长极的区域会不断累积有利要素，反之，不发达地区则不断积累不利要素，这使得经济空间形成了"地理上的二元经济结构"。换言之，在地理区位上，发达和不发达的区域会共存。同时，缪尔达尔建议，政府不应消极等待扩散效应的发生来推动区域经济发展，而应积极采取各种干预手段来刺激局部经济发展。[①] 这种"诱发增长极"带有明显国家干预主义特征，同时也是园区研究中能解释园区存在意义的基本理论。

赫尔希曼（Hirschman）提出的"不平衡增长理论"和"核心—边缘理论"与缪尔达尔的回波效应和扩散效应有所相似，但更侧重于讨论增长极对周围区域的引领性和带动效用。他指出经济增长不会在各个区域同时出现，而是在某一个或几个主导性单位先发展起来。增长极的存在势必会导致区域发展的不平衡，但极点外部性的增强可以带动其他区域发展，缩小区域间差异。[②]

"增长极"概念主要强调了区域发展的不平衡和差异，同时也阐述了优先发展部分区域经济的重要性，这为当前的园区发展和功能定位提供了有效的理论指导。

三 区域经济发展梯度理论

中国学者基于产业集群、增长极和区域发展不平衡等园区发展理论，结合中国实际情况，提出了具有中国特色的区域经济发展梯度理论。一个国家的经济不可能同时在所有区域和维度平衡发展，在不同

---

① 颜鹏飞、马瑞：《经济增长极理论的演变和最新进展》，《福建论坛》（人文社会科学版）2003 年第 1 期；王缉慈：《增长极概念、理论及战略探究》，《经济科学》1989 年第 3 期。

② 颜鹏飞、马瑞：《经济增长极理论的演变和最新进展》，《福建论坛》（人文社会科学版）2003 年第 1 期。

区域、行业和部门间，梯度差异客观存在。发展较快的区域，也就是高梯度区域，可以通过创新等机制不断增强其综合实力和外部性并向外扩散到中低梯度区域，进而助力这些区域的发展。

党的十一届三中全会后，中国开始进行计划经济改革和实施改革开放，采用宏观调控和配给资源的方式来协调各地区发展，战略布局从侧重平衡区域经济发展转为发展国家整体经济以及提升宏观经济的规模效益。改革开放需充分利用区域资源和优势，尤其是东部沿海区域的区位、基建、技术和经济等方面优势，来推进整体经济由东到西、由沿海到内陆的全面发展。①

在20世纪80年代提出的"六五"计划中，明确了需要充分利用东部沿海的经济技术、区位和基建优势，采取系列措施助力东部沿海地区发展的策略。随后"七五"计划中，中国领土被划分为东中西三个区域，并明确了这三个区域发展阶梯的战略目标。从"七五"时期到20世纪90年代，中国对区域经济发展的策略是优先发展东部沿海地区，再用东部区域在发展中不断积累的优势带动中西部两级阶梯的区域发展。② 生产力、技术、产业等要素不断从东部向中西部推移，使得各阶梯区域都能因地制宜地采用或结合"点""线""面"不同开发策略，同时亦能和周围区域积极联动。自2000年开始，中国正式实施西部大开发战略，这是区域经济发展梯度理论的重要实践。③

中国园区的发展和分布，正好符合中国区域经济发展梯度的布局。从1980年设立东部沿海的深圳、珠海、汕头和厦门四个经济特区，到1984—1988年连续开放14个港口城市并批准设立沿海经济开发区，再到1993年设立第二批18个开发区，乃至2000—2002年设立

---

① 李森：《困境和出路——转型期中国开发区发展研究》，中国财政经济出版社2008年版。
② 李森：《困境和出路——转型期中国开发区发展研究》，中国财政经济出版社2008年版。
③ 李具恒、李国平：《区域经济发展理论的整合与创新——基于梯度推移理论内在机理的扩展分析》，《陕西师范大学学报》（哲学社会科学版）2004年第4期。

第三批 17 个开发区，2020 年全国共有 219 家国家级经济技术开发区，整个园区的空间分布符合中国经济发展的阶梯式推进策略，为中国的区域经济发展做出了不可磨灭的贡献。①

四 三元参与理论

1993 年国际科学工业园协会第九届世界大会上提出的三元参与理论（Ternary-element Participation Theory），主要侧重于阐述政府、企业和科研机构与高校三者之间的良性互动和协作关系，并指出当三个社会单元均无法独立解决园区的问题时，需联合起来协调行动。②

在该理论框架下，政府的角色被定义为协调者，通过颁布政策和归整土地修建园区，再通过宏观手段配置资源，旨在为园区企业和科研机构提供良好的合作环境，并协调两方的利益。也有学者认为，政府除了扮演协调者外，也是政策指导者，主要在税收、金融、关税、人才引进、融资渠道等方面制定系列政策，服务园区良性发展。③ 科研机构和高校应充分发挥其研发主体功能，并聚焦产研结合，同时培养创新型人才，为园区发展做好人才储备工作。成熟的产研结合体系，可使科研机构和高校从企业获取研究经费，减轻政府的财政压力。企业在三元参与理论中，应为园区的创新主体和成果转化主体，负责将产研结合的思路落实到产品和技术的研发和实践中。④ 企业和科研机构的良性合作，可以促进高新技术的创新、发展和实践并实现

---

① 金乾生：《开发区创新与发展》，经济科学出版社 2013 年版；商务部外国投资管理司开发区处：《2019 年 1—9 月国家级经济技术开发区主要经济指标情况》，http：// ezone. mofcom. gov. cn/article/m/201912/20191202918921. shtml。

② 庄宁：《大学科技园作为一种社会建制在区域创新体系中的作用》，《科技进步与对策》2004 年第 8 期；翟玉晓：《中外对比视阈下的开发区管理体制创新研究》，《东方行政论坛》2014 年第 00 期。

③ 苏菡丽：《"三元参与"理论下高职院校大学科技园运行模式研究——以苏州经贸大学科技园为例》，《科技经济导刊》2016 年第 29 期。

④ 苏菡丽：《"三元参与"理论下高职院校大学科技园运行模式研究——以苏州经贸大学科技园为例》，《科技经济导刊》2016 年第 29 期。

盈利，进而产生集聚效应带动区域经济的发展，同时为科研领域广纳良才。[①]

三元参与理论中，政府和其他两个要素形成的网络体系是其理论核心，且侧重于讨论园区制度的创新。但该理论更偏向于分析高新技术产业开发区的发展模式，如硅谷，因此并非适用于所有的园区类型。

第二节　多边市场理论

随着全球园区数量不断增加，建设规模逐渐增大，一些学者指出，需要更多的理论基础支撑更深刻、更有实践性的园区研究。其中，为什么园区会被定义（或自我定义）成"平台"这一现象，开始进入研究者视线。

一　多边市场和平台概念

如果单纯在经济学领域讨论"平台"这一概念的话，以 2014 年诺贝尔经济学奖得主让·梯若尔（Jean Tirole）为代表的学者认为，平台是一个系统，在这个系统中，两个或更多的行为主体在多边市场中相互作用。[②] 平台的任务是促进不同参与者之间的互动和维护公平竞争等。罗谢特（Rochette）和梯若尔对双边市场的定义是："如果平台可以通过向市场的一方收取更高费用，并同时将另一方所需支付的价格降低同等额度，进而影响交易量，则可称其为双边市场。换言之，价格结构很重要，平台必须设计一个合理价格结构让双方都参与进来。"[③]

---

① 庄宁：《大学科技园作为一种社会建制在区域创新体系中的作用》，《科技进步与对策》2004 年第 8 期。

② Amstrong, M., *Two-Sided Markets: Economic Theory and Policy Implications*, Encore Workshop on Competition Issues in Two-Sided Markets, 2004; Rochet J. C., Tirole J., "Two-Sided Markets: A Progress Report", *Rand Journal of Economics*, Vol. 27, No. 37, 2006.

③ Rochette, J. C., Tirole, J., "Platform Competition in Two-Sided Markets", *Journal of the European Economic Association*, Vol. 1, No. 4, 2003.

王勇和朱雨辰认为，平台经济和传统经济不同点在于：平台经济由一个或几个组织提供平台服务，且平台中存在两种或两种以上类型的终端用户，这些用户在该平台上进行交易。平台企业向平台上的一方或多方收取费用，但与任何一方都不构成独立市场。①

2000 年以来，学者们对双边市场兴趣激增，讨论了以双边（多边）市场为核心的各种经济现象，也研究了时机、价格机制和外部条件等因素对多边市场的影响。有部分研究则试图为多边市场研究的使用建立通用秩序，着重对概念的界定、已有研究概述和研究经验进行分析，或专门对其理论和概念框架进行研究。

对于平台是"单边"还是"双边"（多边）的讨论，罗松（Roson）指出，当平台服务两个群体，并至少能提高一个群体在另一个群体的参与度和价值投资，该市场才可被确定为双边（多边）市场。② 罗谢特和梯若尔提出一个更加严格的定义："双边性" 只有在代理商面临每一方价格（可能为零或负数）可以直接影响其市场参与时才存在，因此交易量并不仅仅取决于预期总收益和总交易成本之间的差异。他们阐述了界定双面性的详细过程：如果每次交易中平台向买方收取费用为 a^b，向卖方收取费用为 a^s，如果平台上实现的交易量只取决于总价格水平，市场则为单边，总价格水平可以表示为 $a = a^b + a^s$。而如果当 a^b 保持不变时，交易量发生了变化，市场则是双边。③ 哈丘（Hagiu）和伊莱特（Eright）赞同上述大部分观点，但他们认为收费不应该成为证明一个市场是否具有两面性的唯一标准。不管网络是否成熟，双边（多边）市场平台必然涉及两个或多个主体的交互作用，因此在进行竞争分析时不能轻易忽视任何一方。市场应该以平台

---

① 王勇、朱雨辰：《论开发区经济的平台性和政府的作用边界——基于双边市场理论的视角》，《经济学动态》2013 年第 11 期。

② Roson, R., "Two-Sided Markets: A Tentative Survey", *Review of Network Economics*, Vol. 14, No. 2, 2005.

③ Rochette, J. C., Tirole, J., "Two-Sided Markets: An Overview", IDEI-CEPR Conference on Two-Sided Markets, Toulouse, 2004.

的互动服务为起点，而这种互动服务的相对价格是双方达成共识的联合价格，比如信用卡支付体系中的持卡人和零售商，或者在线拍卖中的买家和卖家对价格达成的一致性。[①]

罗松用实际案例来解释双边（多边）市场理论。例如，购物中心是连接消费者和零售商的实体平台：零售商支付一定的费用（主要是租金），而消费者不支付任何准入费用便可进入平台。零售商和消费者群体两方都关心对方的实际数量，同时零售商更希望在同一个购物中心内有更少的竞争对手。另一个例子是超市，它也将供应商和消费者联系起来。消费者会比较零售商或供应商的数量选择去哪一个商场或超市，而零售商和供应商同样也关心消费者的数量，同时它们还倾向于选择竞争对手较少的平台。这两个平台的主要区别是：购物中心本身就是所有者，产品价格不是由平台控制，而是由参与方零售商控制，而超市则享有定价的权利。[②]

从参考文献中可以看出，一个市场要被认定为双边（多边）市场，它至少应该具有三个特征：价格非中性、交叉网络外部性和需求互补。首先，平台向两个参与方收取的价格分别为 P^s 和 P^b，价格总量 $P = P^s + P^b$，价格总量的变化会导致交易总量 V 发生变化，则价格非中性。这种情况下，该市场则可被看作双边或多边。反之，如交易总量只取决于价格总量，则价格结构为中性，这种情况下市场为单边。[③]其次，交叉网络外部性指平台服务需求不仅受平台上同类型用户数量的影响，同时也受另一类型用户量的影响。以淘宝为例，卖家入驻淘宝平台的考量不仅包括淘宝已有入驻商家的数量，也包括使用淘宝的买家数量。同理，买家选择淘宝购物也取决于平台入驻卖家数量。交

---

① Hagiu, Andrei and Eright, Julian, "Multi-Sided Platforms (March 19, 2015)", *International Journal of Industrial Organization*, Vol. 43, 2015.

② Roson, R., "Two-Sided Markets: A Tentative Survey", *Review of Network Economics*, Vol. 14, No. 2, 2005.

③ 王勇、朱雨辰：《论开发区经济的平台性和政府的作用边界——基于双边市场理论的视角》，《经济学动态》2013年第11期。

叉网络外部性正是基于交易双方存在需求互补这一前提而存在的。[①]

二 园区即多边市场平台

普通园区的建设过程，第一步是对园区选址、园区布局进行规划。在中国，一些政府部门直接参与这一阶段工作。园区选址常倾向于毗邻或位于运输中心、主要港口城市或资源密集区域。一旦规划好地理位置，就会开始在该区域内完善或修建新的配套基础设施。同时根据国家法律法规对园区的招商引资、税收减免、企业补贴等优惠政策进行制定。一个园区在物理意义上可被称为一个"实体平台"，意味着运营者在特定区域内修建和提供配套设施和服务以吸引、鼓励和邀请不同类型企业进行生产、制造、贸易或从事其他经济活动。但是，这个物理平台并不等于讨论的"平台"含义。为了研究园区和多边市场理论是否匹配，且能在该理论体系下被称之为"平台"，笔者先分析园区是否具备多边市场平台的三个基本特征，再讨论园区如何发挥双边（多边）市场平台的功能。

前文所述，价格非中性、交叉网络外部性和需求互补是多边市场的三个主要特征。其中，定价费用征收是研究的第一步，也是分析其性质的最重要特征之一。

第一，多边市场研究中，学者们倾向使用 $P = P^s + P^b$ 这一基本公式来表示平台对买卖双方每次交易所征收的费用，但在分校园区是否具备多边市场平台属性时，笔者将该公式扩展为：

$$P = P^u + P^d + P^s \qquad (2-1)$$

u、d 和 s 分别代表为三种不同类型的园区企业和机构：上游企业、下游企业和服务型企业。如果平台内交易额取决于总价格水平的话，则该平台为单边。如果在 P 保持不变的情况下，交易总量 V 随 P^u、P^d

---

① 王勇、朱雨辰：《论开发区经济的平台性和政府的作用边界——基于双边市场理论的视角》，《经济学动态》2013 年第 11 期。

和 P^s 的变化而变化，则园区平台可被视为双边或多边。[①]

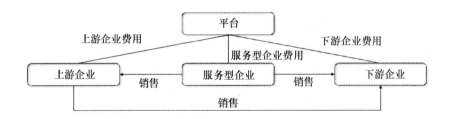

图 2 - 1　园区平台中对三类企业定价机制

资料来源：笔者绘制。

　　王勇和朱雨辰的实证研究表明，园区的运营者会依据企业类型采取不同的收费标准，这意味不同园区运营者的战略会导致收费额度的变化。园区运营者可能会以较低的土地价格，甚至是免费将土地租用给上游企业，以吸引其入驻园区。上游企业落户后，下游企业进驻园区的土地租赁价格相对较高，因为园区运营者将原本需要向上游企业征收的土地使用费转嫁给了下游企业，导致下游企业担负更多的准入成本。同时，一个相对较低的土地价格将直接强有力地吸引并激励服务业类型企业进驻。高质量服务型企业数量的增加，有助于吸引更多的上游或下游企业落户，进而促进交易量的增加。虽然不同园区有不同的收费政策——无论是收取进入费、会员费还是使用费，但价格非中性是这个策略核心的特征。因为针对三种类型的企业改变或调整（增加、减少或不收费）任何收费标准时，不同价格的调整会直接影响交易总量。[②]

　　以汽车产业园为例，平台上的企业类型如图 2 - 2 所示。假定排

　　① Wang, Y., Yang, C., "Assessing Special Economic Zones in China with the Multi-Sided Platform Model", *Journal of Governance and Regulation*, Vol. 6, No. 2, 2017.

　　② Wang, Y., Yang, C., "Assessing Special Economic Zones in China with the Multi-Sided Platform Model", *Journal of Governance and Regulation*, Vol. 6, No. 2, 2017.

除传统汽车产业链中的上游企业，比如钢铁、采矿、金属、燃料和塑料企业等，单在园区平台中，上游企业主要包括两类。一类是原始设备制造商，包括客用汽车、商用车、两轮车和三轮车制造商；另一类是零部件制造商，主要是子部件制造商，包括车轮、轮胎、踏板、屏幕和雨刷制造商等。汽车经销商、第三方物流公司、二手车市场、装配商等为下游企业。服务型企业包括客户服务中心、展览中心、维修中心、加油站、食堂、洗车中心和汽车测试线等。园区运营者可分别对企业进行评估，依照其给园区可能创造的利润和外部性对其采用不同的价格，比如原始设备制造商的费用可以最低，因为其核心竞争力和外部性最强；对零部件制造商和下游企业收费相对较高，因为它们享受了平台带来的互补性需求服务，以及它们的核心竞争力在园区中相对较低。①

第二，判断园区是否具备平台属性还需评估是否具备交叉网络外部性。比如 eBay 客户数量不仅取决于其平台卖家的数量，还取决于其他消费者使用该平台的数量；使用该平台的买家越多，越容易吸引更多潜在卖家。一个园区平台应至少包含两类有相互作用或能与园区运营者相互作用的企业，这些企业能从入驻园区平台中获益。以图2-2为例，不管是上游、下游或服务型企业，若计划入驻园区，需要考虑园区内是否存在能与其相互作用的企业，同时也需判断园区内同类型企业的数量。

交叉网络的外部性由企业间的相互作用和需求互补所决定。对于园区平台而言，增加上游企业数量，可以同时影响上下游企业和服务企业的需求量。换言之，上游企业的外部性可直接影响其他两方企业的入驻数量。同样，下游企业的入驻也能吸引其他同属于下游的企业。同时，随着服务企业的增加，上下游企业的服务需求都能得到满

① Wang, Y., Yang, C., "Assessing Special Economic Zones in China with the Multi-Sided Platform Model", *Journal of Governance and Regulation*, Vol. 6, No. 2, 2017.

足。这三类企业在园区平台上相互作用，彼此依存，并不断吸引更为优质的相关企业入驻。需注意，无论是上游、下游或服务企业，都会产生强外部性吸引其他类型的企业。[1]

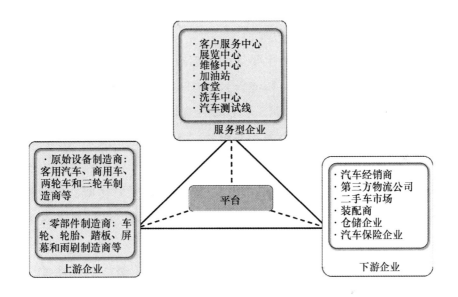

图 2 - 2　平台上的企业类型（以汽车产业园为例）

资料来源：笔者绘制。

　　第三，需求互补在园区平台中，不仅发生在园区各企业之间，同时也存在于企业和园区平台之间。园区和企业的需求互补在园区发展的初期已经有所体现：园区吸引不同企业入驻，完善产业集群布局，创造价值甚至盈利，带动园区可持续发展，甚至为区域经济增长贡献力量。而入驻企业对园区的需求有园区各类优惠政策、和其他强关联企业的互动以及利润最大化等。[2]

---

　　[1]　Wang, Y., Yang, C., "Assessing Special Economic Zones in China with the Multi-Sided Platform Model", *Journal of Governance and Regulation*, Vol. 6, No. 2, 2017.

　　[2]　Wang, Y., Yang, C., "Assessing Special Economic Zones in China with the Multi-Sided Platform Model", *Journal of Governance and Regulation*, Vol. 6, No. 2, 2017.

综上可发现，实体园区吸引各类企业入驻并进行各类经济活动，使得园区具备平台经济性质。园区平台上，存在上下游和服务型企业的相互交易，则园区可被认为是双边（多边）市场。

三 园区如何发挥平台功能

在园区开发初期，企业主要受到优惠政策或配套基础设施和服务吸引，在园区内设立分支机构或直接举厂搬迁。早期入驻园区的大都为劳动密集型和装配型企业，主要生产服装、纺织品和电子电器产品，并且企业之间没有明显的产业联系，该特征在发展中国家普遍较为显著。之所以形成这种现象，可能是因为产品专业化程度取决于国家的工业化发展水平。[①] 但 2000 年后，传统园区开始转型，更注重建立物质、战略和金融的联系，以及加强和园区企业、园区外的区域甚至和所在国乃至世界的联系。

园区企业在自我革新和发展的同时也赋予了园区更多功能。例如，新加坡的裕廊工业园除了包括众多企业的出口加工区，同时也有过境区，区内有 10 个大泊位，可容纳 10 艘大型船舶。同时，裕廊工业园也是一个旅游景点，拥有世界闻名的裕廊飞禽公园。该公园依湖而建，兼具中国和日本的园林设计风格，占地 80 公顷。[②] 这个例子生动地说明了园区职能不应仅仅限于贸易支持和出口制造业，而更应该将其活力拓展和衍生到开发各类商业活动。此外，园区可提供教育设施（如学校和培训机构）、体育运动和休闲娱乐设施、"一站式"服务、安保等不同类型的增值服务，这些都能成为园区吸引企业入驻的竞争优势。[③] 此外，园区应聚焦打造完整的产业链，以促进可持续的

---

① FIAS. , *Special Economic Zones*：*Performance*，*Lessons and Implications for Zone Development*，Washington D. C. ：World Bank Group, 2008.

② JTC, "About JTC：Overview 2013", http：//www. jtc. gov. sg/About-JTC/Pages/default. aspx.

③ Farole, T. , Akinci G. , *Special Economic Zones*：*Progress*，*Emerging Challenges and Future Directions*，Washington D. C. ：World Bank Group. 2011.

工业发展和经济增长。如果园区已有较为完善的产业链，则可以侧重发展相关产业链，再形成主导性的区域产业集群。

对于中国来说，园区试点不仅是各类政策的孵化器，更是经济增长的加速器。在面临园区转型阶段，政府和园区运营者以及园区企业都意识到，园区的核心竞争力并不再取决于以往的各类政策优惠，因为各类优惠都可以被借鉴并被不同园区方所采纳，这种同质化的行为迫使园区必须寻找新的更有吸引力的竞争优势，来打造其核心发展壁垒。宏观经济环境迫使园区发展侧重从最初的功能设计转向后续的地理区位选择，最终转向吸引更多优质的潜在且彼此需求互补的企业。这种趋势在许多新兴园区中都可被观察到：规模较小的园区在设计阶段就计划搭建一条完整的产业链，将同一行业内不同上下游企业连接起来；而在一些较大规模的综合性园区，在规划阶段便开始设计产业聚集，制定好有紧密联系的若干产业链后，再有目标、有条件地进行招商引资。①

前文提及，园区平台上的终端用户至少有三种类型：上游企业、下游企业和服务型企业。在平台系统内，下游企业被认定为卖家，因为它们需要购买或外包必要产品或服务以满足其业务目标。上游企业对于下游企业来说是卖家（供应商或销售商），对于提供服务的企业来说是消费者（卖家），因为上游企业也需要服务支持。服务型企业对上游和下游企业来说，都是供应商。平台运营商通过灵活有效的定价机制，向三方企业收取不同费用，体现在地租、服务或配套设施提供等方式上，完成平台开发资金的回笼；同时，平台可以通过系列措施增加园区企业间的需求互补和交叉网络外部效应，比如规划和完善产业链和丰富产业集群要素等，实现园区平台和企业的共生发展。

---

① Wang, Y., Yang, C., "Assessing Special Economic Zones in China with the Multi-Sided Platform Model", *Journal of Governance and Regulation*, Vol. 6, No. 2, 2017.

四 政府和园区运营者角色

在中国的传统型园区中，政府往往扮演着双重角色，即"一套班子、两块牌子"——既是园区的运营者，负责园区的土地规划和招商引资等经济活动；也是园区的管理者，负责园区各类公共事务的管理和制定园区发展相关政策。但是，王勇和朱雨辰认为，在一个高效和成熟的园区治理模式中，政府在园区发展初期可以提供一定支持，比如规范税收和税收减免标准，提升行政审批效率，完善园区的公共管理等。但由于园区面临的是市场经济，因此需要引进有资质的专业机构，以利润最大化为目标来主导园区发展，这些机构负责园区土地开发和转让、吸引投资、提供各类商业和生活服务以及企业监管。[①] 政府则应回归提供公共服务和社会管理的角色，让专业园区运营公司履行企业管理职责。这些机构可以直接管理园区，也可以是园区开发的直接投资者。在多边市场理论体系中，政府和园区运营者的角色相较传统园区管理模式有所不同。

第一，园区运营和管理机构可以是政府雇佣的企业。政府可参与园区的统筹规划，但不能干涉其建设和运营。在许多发展中国家，是由园区运营者而不是政府主导完成园区的土地建设和开发。园区运营者不仅为这三类企业间交易提供平台，而且还有义务促进园区内的经济活动。园区运营者的企业性质使得其目标必然是利润最大化，所以政府可以在园区建设初期就与这类企业合作，鼓励园区运营者获得原始土地；然后，对区内基础设施进行投资，使区内的土地具有转让性；最后，开发完整后的土地可以出租给入驻企业，以补偿运营者前期垫付费用。

园区平台建设成本主要包括征收土地的费用和基础设施投资费

---

① 王勇、朱雨辰：《论开发区经济的平台性和政府的作用边界——基于双边市场理论的视角》，《经济学动态》2013 年第 11 期。

用。一般来说，如果园区位于城市地区或毗邻交通运输枢纽，其土地征用费往往较高，因为周围已存在的完善基础设施可以减少园区早期开发投资；反之，如果园区选址远离城市地区，土地费用则相对较低，但前期园区运营者对基础设施的投资可能较大。在园区建造初期，由于高额的资金投入和长周转期，多数企业或者组织很难独立负担园区建设项目。因此，对于运营者来说，除了与其他企业合作或寻找其他融资渠道来维持园区项目正常运转外，向政府寻求支持也是一种选择。园区运营者首先通过征用获得原始土地，有时这一阶段由政府主导；然后，对区内的基础设施进行投资，使园区土地具有转让性；最后，土地可以出租给入驻企业，以补偿园区运营者或政府前期垫付的开发费用。①

第二，平台运营商可以取代部分政府职能。首先，平台运营商应为潜在投资者创造一个安全的投资环境，这能提高投资者信心。虽然政府在园区发展初期可提供更多警力维护治安，但是园区运营者也应该完善其园区安全体系。考量有三点：一是缓解政府资金和资源压力；二是可创造更多工作岗位；三是可以把安保服务作为营收手段创造利润。此外，园区运营商的一个职能是提供高效服务的环境。园区服务流程的停滞和缓慢在一些发展中国家被解读为官僚主义横行，这不利于园区发展。如果园区运营者代替政府部门承担提供服务的职能，可以预想园区运营会更少受官僚主义和冗杂程序束缚。其次，运营商的另一个职能是维护企业和园区环境之间的生态平衡。在多边市场经济模式下，政府职能被削弱，平台运营商可被授权在园区内推广和督促入驻企业履行社会责任，包括实施绿色项目、减少排放等。虽然这些职能早期可由政府承担，但从长期发展战略来看，运营者可以通过改善园区建设和优化商业环境，取代政府的主导作用，用专业化

---

① 王勇、朱雨辰：《论开发区经济的平台性和政府的作用边界——基于双边市场理论的视角》，《经济学动态》2013 年第 11 期。

和商业化来运营园区，更好面对市场经济考验。[①]

第三，园区平台运营商对其管理和服务机制的更新和完善，需建立在平台运营者与所有平台企业共生基础上。然而，由于园区企业数量众多、企业文化和管理体系各异等原因，园区运营者若想不断更新和优化管理和服务机制，需要大量的资金投入来实现效益最大化。平台运营商作为企业，其目的是利润最大化，可能很难识别和解决每一个园区的管理漏洞，且一些管理漏洞在园区运营者权限范围内无法解决，这种情况下，需要政府支持。政府有责任为园区提供各类公共物品和基础社会服务，有些为短期比如突发事件的警力，有些则是长期如公共安全、消防报警系统、教育及相关设施、电网和水资源等。因此，政府的作用，主要包括从宏观上协助园区发展，集中力量改善社会福利，优化市场环境以及提高行政审批效率。[②]

第四，结合园区运营和发展以及罗谢特和梯若尔的研究，园区运营者还应负责规范园区企业间的相互作用机制。这意味着运营者应该在定价机制和政策推行上保持平衡。运营者应该鼓励正外部性，通过约束一类企业使其受益于另一类企业来抑制负外部性。罗谢特和梯若尔的一些观点与笔者研究有一致性：首先，平台运营商应该是一个授权机构；其次，它是一个竞争机构。[③] 对于前者，平台运营商不仅需要有效运用定价策略，还需关注园区企业交互的质量。这要求平台运营商创造一个高效和有效的环境，以避免潜在的外部威胁。例如，运营者可以限制进入园区的同类企业数量，以防止不公平竞争；或拒绝不达标的企业的进驻申请，以保护园区环境。园区运营商是一个竞争机构，意味着运营者要确保平台上进行的商业竞争在安全和平等条件下进行。

---

① Wang, Y., Yang, C., "Assessing Special Economic Zones in China with the Multi-Sided Platform Model", *Journal of Governance and Regulation*, Vol. 6, No. 2, 2017.

② Wang, Y., Yang, C., "Assessing Special Economic Zones in China with the Multi-Sided Platform Model", *Journal of Governance and Regulation*, Vol. 6, No. 2, 2017.

③ Roson, R., "Two-Sided Markets: A Tentative Survey", *Review of Network Economics*, Vol. 14, No. 2, 2005.

平台经济学给园区研究提供了另一种视角来讨论政府和企业在参与园区建设过程中的职能归属，对园区理论研究最大的贡献在于将园区平台各方参与者的外部性纳入园区运营考量，并且强调政府职能在园区经济发展中的转变。

第三节　生态型园区理论

无论是主流的园区经济研究或新的平台型园区经济研究，都是将园区作为个体讨论。园区的影响因素就是园区管委会、园区内企业、政府等，主要讨论的是它的经济效应、组织结构、职能分工、社会网络等。然而近年，随着城市化浪潮加剧，生态型园区的概念也加入园区经济的研究中。它在平台型园区的基础上，强调园区与城市的共生机制。支持生态型园区的理论体系有产城融合概念、生态系统理论和宪章城市理念。

一　产城融合概念

产城融合是一种园区和城市共生发展的新模式，是中国基于园区发展 50 年宝贵经验摸索而出的园区发展概念。产城融合的核心是产业结构遵循城市发展定位，以现代产业体系为驱动力，实现生产性服务与生活性服务的兼容，促进经济、产业、环境等的生态发展，它的出现是为了改善和解决"产城分离"现象。① 产城融合强调园区是城市的有机组成部分，园区应和其周围的城市功能模块产生积极互动，进而使得其产业发展与城市就业、消费乃至整体规划相互匹配，从而促进城市的发展。

园区发展和城市发展的有机结合意味着园区不再被当成独立个体研究，而是城市的有机组成部分。政府职能的变化也更加明显。政府在产城融合型园区演进过程中发挥的功能应该是多重的。张道刚认为，将园

---

① 林华：《关于上海新城"产城融合"的研究——以青浦新城为例》，《上海城市规划》2011 年第 5 期。

区规划为城镇社区后再进行建设是产城融合的关键。① 这其中的关键是政府应当充分发挥其行政规划职能。此外，王凯等认为，政府应从政策层面回应园区要求，并把这些诉求和城市居民的需求有机整合在一起，比如公共安全保障、医疗卫生、交通系统、绿化生态、极端自然灾害应对等。② 可见，政府不仅要监督园区工业生产经营和为园区发展提供完善配套服务，更应把园区作为整个城市区域的一个功能与其他功能领域连接且相互渗透的模块来规划。同时，政府应回归其基本属性，提供更完善的公共服务，发挥更全面的公共职能促进"城"的有机发展。

林华认为，产城融合概念下的核心要素是产业结构须遵循城市的发展和规划定位，"融合"意指居住和就业融合。③ 刘瑾等提出产城融合是一种多元功能复合共生的生态发展模式，具体体现为依托生态环境建设和把现代产业体系作为驱动力，来实现生产性与生活性服务的兼容合并。④ 李文彬和陈浩指出，产城融合的核心是就业结构和人口的匹配，并从人本导向、功能融合和结构匹配三个方面讨论了产城融合的含义，同时强调其实质是以人为本。⑤ 产城融合更强调园区是城市的有机组成部分，在该前提下，园区应和其周围的城市功能模块产生积极互动，进而使得其产业结构与城市的就业结构、消费结构相互匹配和彼此呼应，反过来再促进城市的发展。

产城融合模式在中国经过摸索后，产生了更多形态变化。比如2020年海南自由贸易港建设，就基于产城融合概念和海南的区位要素，采取了"港城融合"的发展模式，一方面提升现代化综合交通体系，丰富海南新海港陆岛综合交通枢纽功能；另一方面促进各项产业

---

① 张道刚：《"产城融合"的新理念》，《决策》2011年第1期。
② 王凯、袁中金、王子强：《工业园区产城融合的空间形态演化过程研究——以苏州工业园区为例》，《现代城市研究》2016年第12期。
③ 林华：《关于上海新城"产城融合"的研究——以青浦新城为例》，《上海城市规划》2011年第5期。
④ 刘瑾、耿谦、王艳：《产城融合型高新区发展模式及其规划策略——以济南高新区东区为例》，《规划师》2012年第4期。
⑤ 李文彬、陈浩：《产城融合内涵解析与规划建议》，《城市规划学刊》2012年第7期。

发展。海南的发展模式可以理解成把整个省份作为一个发展区域，且发展重点是基于其地理优势的交通运输发展相关产业。①

二　生态系统理论

商业生态系统（Business Ecosystem）和创业生态理论（Entrepreneurial Ecosystem）表明，一个体系中的各个组成部分通过不断演化完善，开始形成团体，并倾向于按一个或多个中心企业指导来发展。②同时，生态的形成是不同区域环境的相互影响作用的结果。③王勇和戎珂认为，一个良性生态系统需要具备三个要素：高效、强壮和创造力。高效指商业生态系统必须将各类资源——比如技术、创新材料等快速转换成市场产出。强壮指商业生态系统能积极适应外部环境的发展，并不断强化其适宜性，提高其生态系统中企业的存活概率。创造力指商业生态系统能承受外部冲击并不断需求突破性改变，这些改变可以是新技术在产品和服务中的使用。④

生态型园区是基于地理位置而产生的商业生态系统，价值网络与社交网络间交互频繁且直观。王勇和戎珂以贵州省国家大数据（贵州）综合试验区为例，指出政府在政策上的大力扶持体现在两个方面，一是有形资助，如降低银行贷款利率、完善区域基础设施建设、入驻企业税收减免减等；二是无形资助，如建立研究机构和调遣专家人员等。这些政策完善了园区的商业模式，也塑造了商业生态体系的核心。被吸引到贵州的企业数量越多，所产生的外部性也越强，需求互补和相互作用也愈发显著，和园区外的城市乃至省份的交互也越发频繁。这融

---

① 韩正：《真抓实干　稳扎稳打　推动海南自由贸易港建设开好局起好步》，http：// www. sanya2020. cn/1/87/124/2020/0603/show-1087. html。

② Moore, J. F., "Predators and Prey: A New Ecology of Competition", *Harvard Business Review*, Vol. 71, No. 3, 1993.

③ Brad Feld, *Startup Communities: Building an Entrepreneurial Ecosystem in Your City*, Brilliance Audio, U. S. Michigan, 2013.

④ 王勇、戎珂：《平台治理：在线市场的设计、运营与监管》，中信出版社 2018 年版。

入整个区域的整体发展策略中后，增加了区域的有形和无形资产。①

　　生态型园区强调园区与外部环境间的生态互动。生态的形成是不同区域环境相互影响的结果。② 中国已经有不少学者就生态型园区做过一些研究。比如陈金山等人指出，生态工业园的核心含义是"工业共生式"的产业体系。③ 通过提高企业生存和获利能力实现资源节约和环境保护，强调了政府建立创新平台、维持秩序、降低负环境外部性的必要角色。李晓华和刘峰基于产业生态系统的理论框架，指出了要素供给、文化环境、国际环境、政策体系、基础设施因素对产业生态系统的作用。④ 而王进富等对园区生态化创新发展的研究提出了园区生态化发展初期需要要素链，政府通过政策引导和财政支持，为园区创新发展提供要素基础；在中期将产业链生态化，通过政府、园区、企业、科研院所等相互配合，提升创新能力，而在成熟期便是通过前期和中期的积累实现整个区域的生态化。⑤ 结合产城融合模式，园区企业按产业链招商和集聚效应形成"团体"，且按政府的整体规划使园区更好融入整个城市的生态链条，进而加强园区和城市整体之间的联系。因此，生态型园区意味着其能有效融入城市发展的生态体系，并和城市其他功能区域相互作用。

　　可以看出，生态型园区在园区本身经济属性的基础上，附加了一些隐性属性，比如降低对环境的负外部性、构建创新创业的文化环境、产业链的生态化发展、与所在城市的其他要素互动关系等，但政府在生态型园区中的角色并没有体现出来。

　　生态型园区为园区发展的可持续性提供了一种新思考，即开始让以往相对城市发展独立的园区开始有机融入城市生态体系，作为城市

────────────────

　　① 王勇、戎珂：《平台治理：在线市场的设计、运营与监管》，中信出版社 2018 年版。
　　② Brad Feld, *Startup Communities: Building an Entrepreneurial Ecosystem in Your City*, Brilliance Audio, U. S. Michigan, 2013.
　　③ 陈金山、朱方明、周卫平：《生态工业园建设的政府职能分析》，《重庆大学学报》（社会科学版）2010 年第 6 期。
　　④ 李晓华、刘峰：《产业生态系统与战略性新兴产业发展》，《中国工业经济》2013 年第 3 期。
　　⑤ 王进富、杨双双、王亚丹：《扎根理论视域下科技园区生态化创新发展路径研究》，《科技进步与对策》2016 年第 18 期。

群落一个有机单位来和城市共生发展。园区产业链汇聚成产业集群，产业集群再不断吸引更多企业入驻，刺激城市经济、政治、科技等各方面活力，"产"和"城"交互发展。

第四节　理论体系比较

通过对园区不同理论体系主要流派和观点的梳理，笔者发现，传统型园区理论中，对于园区参与者的角色讨论较少。除了三元参与理论中基于高新区和科技园这些特定类型园区对政府、园区企业和科研机构的功能分开讨论外，传统园区理论对于政府角色主要是基于佩鲁和波特的研究，强调了政府资源配置和协调要素的作用。但园区在不同国家的形态不断演变，在不同体制、经济、政治环境中的政府角色也呈多元化，仅作为协调者这一单一角色不符合目前园区发展形态。

多边市场理论则专注讨论园区平台上各个参与方（终端使用者）之间的互动机制，通过定义园区平台后，政府、园区运营者和园区企业间的交互和需求如何进入良性发展循环以及政府和园区运营者的职能的转型，都在这个理论模型中得到强有力的解释。多边市场理论的最大创新是开始区分政府和园区运营者的关系，并鼓励园区以更专业的姿态直面市场经济，参与市场竞争。中国大部分园区面临着从传统型园区向平台型园区的转型。

生态型园区则是结合实践推导的园区发展的理想状态：园区发展进入整体城市规划，作为城市或区域商业生态体系中的重要参与单元，通过更频繁的外部交互拓展园区本身乃至城市的外部性。中国在这方面也有所探索，比如前文提及的贵州省国家大数据（贵州）综合试验区和天津滨海新区。生态型园区概念范围较广，不再局限于单一园区概念的延展，而是在城市功能乃至区域功能模块的互动机制上进行延展。2020年中国通过发展交通产业促进海南省"港城融合"就是一次新的尝试。

基于上述理论体系，为了在后文更好定义南非园区发展模式，笔

者把不同理论中对园区发展参与者的讨论做出梳理。如表 2 - 2 所示，

表 2 - 2　　　　　　不同园区研究理论对园区参与单位的讨论

理论发展		园区经济参与单位			园区经济发展形态
		政府	园区运营者	园区企业	
传统园区理论	产业区概念（马歇尔）	√		√	传统型园区
	工业区位论（韦伯）			√	
	规模经济理论（库鲁格曼）			√	
	国家竞争优势和钻石模型（波特）	√		√	
	增长极理论（佩鲁）			√	
	回波效应和扩散效应（缪尔达尔）	√		√	
	不平衡增长理论核心—边缘理论（赫尔希曼）	√		√	
	区域经济发展梯度理论	√		√	
	三元参与理论	√		√	
多边市场和平台经济	多边市场理论（埃姆斯特朗，罗谢特和梯若尔）	√	√	√	平台型园区
	平台参与者（罗松）	√	√	√	
生态型园区理论	产城融合概念	√		√	生态型园区
	生态系统理论	√		√	
	宪章城市（保罗·罗默）	√	√		

不同理论对政府、园区运营者（区域发展运营者）和园区企业（区域内企业）讨论的力度有明显区别。通过表 2 - 2 可发现，传统型园区理论都讨论了企业在区域经济发展中的作用，部分理论讨论了政府角色，但都未对园区或区域发展的运营者进行独立探讨。生态型园区中，园区成为城市生态发展的一个部分，但未对三个独立参与单位进行详细讨论。相比之下，只有多边市场理论和平台经济研究包含了每一个园区发展的参与单位。因此，结合南非园区发展实际情况，笔者在本书中选择用多边市场理论对南非园区发展模式进行分析，以便能更为详尽地分析南非园区发展中出现的问题以及更为集中地讨论对应机制和发展建议。

第五节　本章小结

本章通过对园区发展研究中不同理论的梳理，对不同理论中政府、园区运营者和园区企业的讨论力度进行比较。在多数传统园区研究理论中，对园区运营者的讨论非常有限，对政府角色和职能的专门研究也相对较少。多边市场理论和平台经济概念的引入，丰富了园区研究理论体系，让研究者有机会从更多视角观察园区的发展。生态型园区则开始跳出单一园区研究体系，侧重在城市群落以及商业生态系统下讨论园区的角色。

在园区研究领域中，多边市场理论是一种较为新颖的理论工具，同时也是本书所采用的主要理论依据，对明晰南非园区发展中的政府作用边界和运营者权限范围有较强的理论指导意义。

随着园区的发展和转型，政府和园区运营者的角色也在发生显著变化。下一章笔者尝试在传统型、平台型和生态型三类园区中，结合中国园区实例，探讨园区发展的演进机制，为接下来对南非园区发展的研究提供参考。

第三章

园区发展和形态演进

　　随着园区经济在全世界普及和发展，园区在世界各国所占据地位愈发重要。时至今日，无论发达国家还是发展中国家都推行了园区项目。由于各国国情、经济制度、产业政策和发展需求各异，园区从最早的出口加工区发展到如今的多种类别，其形态也在一次次转型和实践探索中发生变化。本章通过对园区概念和类别的梳理，以及以园区发展大国——中国的三个园区为案例，探讨园区形态的演进过程。

第一节　世界园区发展

　　世界园区经济发展历史悠久，但自 20 世纪 80 年代起，随着很多国家（尤其是亚洲）推行出口导向型工业发展战略，同时全球制造商对离岸生产的依赖性不断增强，园区经济开始蓬勃发展。尤其在以中国为首的发展中国家，园区经济获得飞速发展，并且创造了大量就业岗位，推动了发展中国家的工业化进程和经济体制深化改革，为经济发展提供了直接动力。这使得世界各国开始纷纷效仿并结合其实际情况开发各类园区项目，其间只有国际金融危机使得园区数量增长速度略微放缓。如图 3 - 1，截至 2018 年，全球共有近 5400 个不同类型园区，其中超过 1000 个为 2014—2018 年建立。[1]

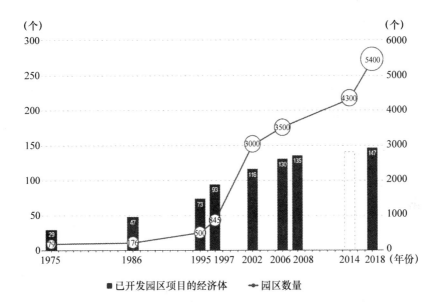

图 3 - 1　园区发展趋势：国家和园区数量

资料来源：UNCTAD，*World Investment Report* 2019：*Special Economic Zones*，Geneva，2019

　　由图 3 - 1 和表 3 - 1 可知，全球有 140 多个经济体开发了园区项目，约四分之三的发展中经济体和几乎所有转型经济体都采用了园区发展策略。大部分园区都属于综合性园区，区内可开展多种经济和生产活动，聚焦某一产业或重点行业（如汽车和电子）的园区和创新科技园则集中在较发达的新兴市场。大多数发达国家的园区侧重于发展物流行业。[2]

　　不同经济体下所设园区的政策和赋予园区的功能也有明显差异。发达经济体的大多数园区类型都为免税区，其主要作用为免除关税，

①　UNCTAD，*World Investment Report* 2019：*Special Economic Zones*，Geneva，2019.

②　UNCTAD，*World Investment Report* 2019：*Special Economic Zones*，Geneva，2019.

简化关税审核行政流程，以支持跨区域供应链。相比之下，发展中经济体园区的主要功能则是通过吸引外国直接投资来建立和提升各类产业，丰富产业集群内涵。①

表 3 - 1　　　　　　　2019 年全球园区数量（按区域划分）　　　　单位：个

	园区数量	在建园区数量	规划中园区数量
世界	5383	474	507
发达经济体	374	5	—
欧洲	105	5	—
北美	262	—	—
发展中经济体	4772	451	502
亚洲	4046	371	419
非洲	237	51	53
拉丁美洲和加勒比地区	486	28	24
转型经济体	237	18	5

资料来源：UNCTAD, *World Investment Report* 2019：*Special Economic Zones*, Geneva, 2019。

但是，联合国贸易和发展会议（United Nations Conference on Trade and Development，UNCTAD）相关研究报告指出，世界各国对园区的高涨热情掩盖了其对园区带来各种影响的关注与反思，这些影响可能好坏参半。诚然，有很多园区发展成功的案例，它们促进了所在国的工业转型，在经济发展中扮演了重要角色。但也有例子表明，园区的建立并未有效吸引潜在投资者，或较晚吸引到潜在投资者②。此外，在园区发展相对较晚的国家，园区建立后一直处于"待发展"甚至是"未发展"状态。曾智华指出，园区可以助力一个国家工业化进程和

① UNCTAD, *World Investment Report* 2019：*Special Economic Zones*, Geneva, 2019.
② UNCTAD, *World Investment Report* 2019：*Special Economic Zones*, Geneva, 2019.

结构转型，但必须因地制宜结合正确的语境使用。园区经济模式在亚洲和拉丁美洲发展中国家取得显著成功，但在部分地区依然处于待观望状态，比如撒哈拉以南非洲。[①] 就当今园区发展现状来看，比较成功的案例多集中在东亚和东南亚区域，有发达国家的园区，比如日本的筑波科学城和新加坡的裕廊工业园；也有发展中国家的园区实现了可持续发展，最典型的莫过于中国的深圳。

尽管围绕园区经济发展的讨论不断，园区对多数国家政府——尤其是发展中国家考虑使用何种战略来快速发展工业和促进经济增长，依然是不二选择。为此，UNCTAD 总结了三个主要原因。第一，相较全国范围而言，在园区内推行和实施企业深化改革制度相对容易。第二，相较整体经济中工业基础设施成本花费，园区建设费用成本较低。第三，国家竞争激烈，作为促进投资和吸引外资的先行军，园区是各国持续推行的重点项目。[②]

第二节　园区概念和类别

一　园区的定义

园区一般是指由一个经济体划分的、由单一部门管理的规定区域，政府部门为区内企业提供一系列奖励，包括减税、免税出口和简化海关手续等。与一个国家其他的经济区域相比，园区内的行政、监管和财政制度往往更加自由，自主程度也较高。[③] 园区建立的历史可以追溯到 20 世纪 50 年代末，世界第一个园区于 1959 年在爱尔兰香农建立，随后半个世纪里，全世界范围内各类园区雨后春笋般快速出

---

① Zeng, D. Z., "Special Economic Zones: Lessons from the Global Experience", *Synthesis Pieces Series*, 2019.

② UNCTAD, *World Investment Report* 2019: *Special Economic Zones*, Geneva, 2019.

③ FIAS, *Special Economic Zones*: *Performance*, *Lessons*, *and Implications for Zone Development*, Washington D. C.: World Bank Group, 2008.

现，特别是自 1990 年开始，发展更为迅速。① 在费洛的研究中，广义园区被定义为："一个国家国界内的划定地理区域，其商业规则与国家领土上通行的规则不同。这些不同的规则主要涉及投资条件、国际贸易和海关、税收和管理环境；据此，园区的商业环境，从政策角度看要比国家领土的商业环境更自由，从行政角度看要更有效。"②

园区经济模式在发达国家和发展中国家都得到了普遍推行，但在发展中国家应用更为广泛。对发达国家而言，园区被认为是经济发展的动力和助力国际贸易的工具；对于发展中国家，园区被认定为一种政策孵化器，也被认为是基础设施建设的理论基础。③

二 园区功能

发展中国家认为园区是一种有效的、能促进经济发展和制度改革的工具。首先，它可以帮助一个国家提高工业竞争力并吸引外国直接投资，同时能支持该国全面经济战略的发展。其次，园区可作为缓解失业和贫困的"压力阀门"（Pressure Valves）。此外，园区还扮演着新政策和新方法应用的试验田的角色。④ 因此，对政府而言，园区的一大主要职能就是发展并多样化一国的出口产品类别，同时保持保护性壁垒，创造就业机会；以及在海关、法律、劳工、工业或私营伙伴关系方面试验新的政策和方法。另外，园区的成功试点可促进政府对于企业监管体系的建立，为完善园区外其他区域的基础设施建设提供

---

① Farole, T., Akinci, G., *Special Economic Zones: Progress, Emerging Challenges and Future Directions*, Washington D. C.: World Bank Group. 2011. 费洛在其 2011 年的研究报告中指出，1948 年在波多黎各建立了某种形式上的园区项目，该项目旨在吸引美国公司建立能够服务于美国本土市场的制造业务。布劳提根（Brautigan）和唐晓阳也认为"园区"雏形最早出现在波多黎各。

② Farole, T., *Special Economic Zones in Africa: Comparing Performance and Learning from Global Experiences*, Washington D. C.: World Bank Group, 2011.

③ Carter, C., Harding, A., *Special Economic Zones in Asian Market Economies*, New York: Routledge, 2011.

④ Farole, T., Akinci, G., *Special Economic Zones: Progress, Emerging Challenges and Future Directions*, Washington D. C.: World Bank Group. 2011.

相关经验，同时可以为国家经济可持续发展的实施环境提供借鉴。[①]

三　园区转型

根据世界银行报告，园区主要位于亚太国家（特别是中国）、拉丁美洲、中欧、东欧和中亚。园区内企业大都是劳动密集型和装配型企业，主要生产服装、纺织品、各类机械零部件和电气电子产品。产品专业化的程度取决于东道国的工业发展水平。[②] 近几十年来可观察到一种趋势，即传统的园区模式正在转变，开始面临转型或者已经开始转型，其转型重点在于更加注重在园区与"外部世界"（地方经济）之间建立物质、战略和金融联系与合作。此外，为短期激励企业，园内还提供教育设施（学校和培训中心）、体育和娱乐设施、"一站式"服务和金融服务机构等增值服务。[③] 一旦上下游企业在园区内形成整体产业链，便可实现产业的可持续发展。

四　园区类别

基于对园区功能、历史和战略考虑，不同国家和研究对类型划分也有所不同。在本书中，笔者先采用世界银行的分类方法，再结合实际把其他园区分类方法进行整合，根据园区的功能梳理出八种类别。需要提及的是，部分功能在不同园区类型中会有所重叠。

（一）自由贸易区（Free Trade Zones）

自由贸易区又称商业自由区，是园区类别中最为传统和普遍的一种形式。自由贸易区是位于一个国家关税区之外的免税区，通常设有

[①] FIAS, *Special Economic Zones: Performance, Lessons, and Implications for Zone Development*, Washington D. C.: World Bank Group, 2008.

[②] FIAS, *Special Economic Zones: Performance, Lessons, and Implications for Zone Development*, Washington D. C.: World Bank Group, 2008.

[③] Farole, T., Akinci G., *Special Economic Zones: Progress, Emerging Challenges and Future Directions*, Washington D. C.: World Bank Group. 2011.

保护障碍设施，通常毗邻或位于国际性海港或机场。自由贸易区开展的业务活动包括仓储、储存、销售、展览、贸易分销设施、转运和再出口业务等。① 区内提供一系列优惠政策，包括减税、配套服务和基础设施等。② 过境区和保税区是两种比较有代表性的自由贸易区分类。

1. 过境区（Transit Zones）

过境区属自由贸易区一种，但略有区别，它指沿海国的入境口岸。根据两个国家之间达成的双边协定，沿海国家可以指定特定的边境城市、河港或港口作为国家间便利货物运输的过境区域。过境区内将简化海关手续，减征或免征关税。例如，赞比亚的产品要从坦桑尼亚的达累斯萨拉姆港经坦桑尼亚—赞比亚铁路出口，为便利物流和商品清退关，坦桑尼亚政府提供了一个过境区来做缓冲地带。过境区内可以短期储存过境货物，货物可以再次包装，但不能对其进行加工和制造。这是过境区与自由港和自由贸易区的主要区别。过境区通常会提供保税仓库设施，通过过境区的货物一般不会受到所在国的海关手续、关税和进口限制。但是，过境区内不允许从事制造活动。世界主要的过境区包括印度的加尔各答（Calcutta）、巴基斯坦的卡拉奇（Karachi）、伊朗的霍梅尼（Khomeini）、法国的马赛（Marseille）、德国的汉堡（Hamburg）和意大利的热那亚（Genoa）等。③

2. 保税区（Bonded Areas）④

保税区是指由海关监管的一定区域，需要在海关处登记并由海关指定或批准。保税区的主要作用是使货物管理更加省时省力，同时满足日益增长的海关管理需求。保税区的设置是为了存放待通关的外国货物，包括进出口、退运、制造、加工及其他类似活动。在保税区内

---

① FIAS, *Special Economic Zones: Performance, Lessons, and Implications for Zone Development*, Washington D. C.: World Bank Group, 2008.

② 各国自由贸易区优惠政策和商业激励措施可能各异。

③ Feenstra, R. C., Taylor, A. M., *International trade. 2nd ed.*, New York: Worth Publishers, 2011.

④ 英文又名 Bonded Area。

除部分货物外，一般货物可以自由进出，仓储产品也无须缴纳出口税。但如果产品在海关行政区域内销售，则应在离开保税区前缴纳进口税。运入保税区的产品还可以进行储存、改造、归类、展示和加工等。① 2008 年设立的北京天竺综合保税区是就是该类园区的典型，该区规划占地 5.944 平方公里，是中国首家空港型综合保税区，该项目被确定为完善北京城市功能和地方经济增长的重要战略基础设施。②

（二）出口加工区（Export Processing Zones）

出口加工区又名工业经济区（Industrial Economics Zones），其主要目标是优先进入国外市场。爱尔兰于 1958 年设立的香农自由区（Shannon Free Zone）是世界上第一个出口加工区。随后，其他的出口加工区开始于 20 世纪 50 年代末到 60 年代初这段时间陆续设立。出口加工区普遍被认为是加速发展中国家工业化和产业相关国际贸易的一种方式，主要分为两种类型：传统型和混合型。③

传统型出口加工区主要以制造业出口为主，自 1970 年以来在发展中国家被广泛设立，是为出口导向型和出口加工区注册企业保留的区域，这些区域功能是用于产品加工、制造和组装。④ 混合型出口加工区通常作为一个普通区域的附属区域且对所有行业开放。混合型出口加工区包含一个出口加工区，即混合型出口加工区内只划分了一部

---

① Chen Ning, Liu Yao and Hu Huaqiang, "Grey Relational Analysis Between Comprehensive Bonded Zone and Regional Economic Development", 2010 The 2nd Conference on Environmental Science and Information Application Technology, 2010.

② 北京市投资促进服务中心：《北京市天竺综合保税区：2020》，http：//invest. beijing. gov. cn/tzbj/tzysjgk/cyyqydx/gjjkfq/bjtzzhbsq/201912/t20191208_ 969341. html。

③ Farole, T., *Special Economic Zones in Africa*：*Comparing Performance and Learning from Global Experiences*, Washington D. C. ：World Bank Group, 2011; Farole, T., Akinci, G., *Special Economic Zones*：*Progress, Emerging Challenges and Future Directions*, Washington D. C. ：World Bank Group. 2011.

④ FIAS, *Special Economic Zones*：*Performance, Lessons, and Implications for Zone Development*, Washington D. C. ：World Bank Group, 2008.

分区域用于出口导向型企业的制造业出口。① 传统和混合型出口加工区建立的主要目的是帮助一个国家或地区有效利用外资，引进最新技术，创造利润和促进地区经济发展。出口加工区通常位于或毗邻港口和机场，园区提供基础设施供企业维持生产活动。② 部分亚洲国家的混合型出口加工区为单独隔离形式，如泰国和菲律宾。墨西哥和哥斯达黎加允许欧洲专利注册企业与在其他标准制度下注册的企业入驻同一混合型出口加工区。③

（三）单一工厂出口加工区（Single Factory Export Processing Zones）④

单一工厂出口加工区是出口加工区的一种变体。单个企业可以在一国内任意地点选址，还可以获得激励和特权。虽然单一工厂出口加工区可带来更多利益，其控制和运营系统更加灵活，但它与保税制造仓库有一些相似之处。⑤ 例如，美国外贸区制度为某些企业提供了某种自由贸易区的身份，并把这种组织称为子区（Subzone）。单一工厂出口加工区适用于两种企业：第一，希望享受外贸区制度所带来的利益，但无法承担搬迁费用的企业；第二，有让人信服的理由不在指定现有保税区内落户的新企业。该类型园区在墨西哥、毛里求斯、马达加斯加和斐济被广泛设立。⑥

---

① Farole, T., Akinci, G., *Special Economic Zones: Progress, Emerging Challenges and Future Directions*, Washington D. C.: World Bank Group. 2011.

② Farole, T., *Special Economic Zones in Africa: Comparing Performance and Learning from Global Experiences*, Washington D. C.: World Bank Group, 2011.

③ FIAS, *Special Economic Zones: Performance, Lessons, and Implications for Zone Development*, Washington D. C.: World Bank Group, 2008.

④ 也称为自由企业（Free Enterprises, FE）或单一工厂自由区（Single Factory Free Zones）或单一单位自由区（Single Unit Free Zones）。

⑤ 保税制造仓库，也称保税制造（Bonded Manufacturing, BM），是一种临时性的准入规则，相当于暂停进口税。各国政策和规则不尽相同。在保税制造计划下，企业可以将进口货物带入仓库，但不用缴纳进口税，也可以将货物用于生产，并将产品出口。此外，企业还可以免税进口机械和替换部件及其他用品。

⑥ Farole, T., Akinci, G., *Special Economic Zones: Progress, Emerging Challenges and Future Directions*, Washington D. C.: World Bank Group. 2011.

（四）科学工业园区（Science-Based Industrial Zones）

科学工业园区包括科技园（Science and Technology Park）、石油化工区（Petrochemical Zone）和高科技工业园（High-Tech Industrial Park）等。这些园区以研究和开发高新技术为目的，加快了高科技的应用普及，为国家或地区的工业现代化提供了服务，同时促进新技术和知识激励型产业发展。[①] 它们的设立是为了开拓跨行业、跨领域的国际市场。在园区范围内，对高新技术企业和组织提供各种激励措施，帮助研究和开发新产品。一些关键领域的资金和人才集中在区内，以便加强行政管理。

科学工业园区是在出口加工区的基础上形成和发展起来的，它们通常位于或邻近科研机构群、大学或工业开发区。由于科技和教育设施完善，相关信息渠道畅通，大型城市附近区域可能是园区落脚的最佳选择。对园区企业来说，与科研机构和大学的技术合作、信息共享、创新和知识革新等都可以使其从中受益。美国的硅谷和日本的筑波科技园（Tsukuba Science Park）是科学型工业园区的两个典范。[②③]

（五）综合性经济特区（Comprehensive Special Economic Zones）[④]

综合性经济特区综合了保税区和出口加工区的主要特点和功能，它既有像保税区那样提供一系列进出口优惠政策的功能，又有像出口加工区那样提供产业发展的基础设施和营商条件的功能。这种类型的园区始于 20 世纪 80 年代，起源于中国。这种园区与保税区和出口加

[①] 金乾生：《开发区创新与发展》，经济科学出版社 2013 年版。

[②] 筑波科学城在 20 世纪 60—80 年代发展初期并不是一个成功的例子，原因有几个。一是区域内的研究机构和组织只专注于自身研究，忽视与产业应用的联系，导致产研分离。二是由于工业化和商业化水平较低，园区对私人投资者和企业没有太大吸引力。因此，筑波科学城在这一时期并没有创造多少经济利润。1974 年，日本政府将 43 个研究机构（约 6 万人）迁移到筑波，并制定了一系列政策法规来推动这一计划。筑波科学园的整个开发和过程，包括选址、人才组合、资金筹集等，都由日本政府主导。

[③] 金乾生：《开发区创新与发展》，经济科学出版社 2013 年版。

[④] 综合性经济特区又称多功能经济区（Multi-Functional Economic Zones）。

工区的主要区别在于在园区内可发展多种产业，包括金融、餐饮业或旅游业等。综合性经济特区覆盖区域面积较大，区内有不同工业、服务和城市设施，集住宅、商业和工业功能于一体。① 新加坡的裕廊工业园（Jurong Industrial Estate）是一个典型案例。该区域内有出口加工区、中转区和供观赏的裕廊鸟园、中式花园、日式花园以及一个占地 80 公顷的湖泊。② 某些情况下，这些区域甚至可涵盖整个城市或一个管辖区，比如中国的深圳市和海南省。③

（六）企业区（Enterprises Zones）

企业区的设立是为了通过一系列优惠政策，包括减税和财政拨款，振兴未开发的城市或农村地区。企业区是一种属性较为特殊的园区，以一系列的激励措施聚集了当地和外来企业。发达国家和发展中国家都引入了这种园区类型，以刺激当地经济增长，并在一个地区内形成相关的整体商业生态系统。④ 例如，美国的圣地亚哥区域企业区（San Diego Regional Enterprise Zone）和中国的许多市级、县级园区。

（七）自由港（Freeports）

自由港的主要特征是其通常占据非常大的领土（超过 1000 公顷）。它所涵盖的区域可能包括城市和农村地区，比自由贸易区大得多。自由港可以容纳旅游、零售等多样化的活动，允许在港内居住，并为入驻企业提供更多的奖励和优惠。此外，一些自由港可以包含几个不同的区域，居民在自由港整体区域内生活和工作，各类活动都在大区域内进行。因此，自由港就像几类园区的复合，它所承担的功能

---

① Zeng, D. Z., "Special Economic Zones: Lessons from the Global Experience", *Synthesis Pieces Series*, 2019.

② JTC, "About JTC: Overview 2013", http://www.jtc.gov.sg/About-JTC/Pages/default.aspx.

③ Zeng, D. Z., "Special Economic Zones: Lessons from the Global Experience", *Synthesis Pieces Series*, 2019.

④ FIAS, *Special Economic Zones: Performance, Lessons, and Implications for Zone Development*, Washington D. C.: World Bank Group, 2008.

也在一定程度上跨越了不同园区。①

（八）生态工业园区（Eco-industrial Zones）②

生态工业园区依据生态伦理学和工业生态学的理论基础，致力于建设园区生态体系，发展侧重为减少废弃物、提高企业环境绩效、最大限度提升资源利用率和改善生态环境。③ 园区往往秉持着"工业共生"（Industrial symbiosis）的理念，依靠绿色环保科技来实现能源和资源的增效。④ 随着世界各地环境面临严峻考验，越来越多国家采用了这种园区发展模式，比如中国吉林省九台市生态工业园。在发展较为成熟的生态工业园内，企业所扮演的不再是单一角色，它们可以是生产者、消费者甚至可以是分解者和还原者。⑤

20世纪80年代以来，园区经济在发展中国家的发展十分迅速，并且根据实际发展情况不断分化成不同类型。如上所述，结合表3-2，不难发现不同类型的园区之间有部分功能重合，比如出口加工区和单一工厂出口加工区就具有一项相同的功能，即为制造业出口服务。园区的发展水平与所属国的经济直接相关，其制造业规格也由该国经济战略和产业制度决定。因此，园区应涵盖什么功能，取决于所属国的经济增长、产业目的、发展战略等因素。本书将园区分类是为了明确园区的功能，实际情况下，把园区放在所处宏观背景下结合具体语境进行识别或分析会更为灵活，因为园区不是"孤岛"，而是"相互依存的单位"。

---

① FIAS, Special Economic Zones：Performance，Lessons，and Implications for Zone Development. Washington D. C.：World Bank Group, 2008；Farole，T.，Akinci，G.，*Special Economic Zones*：*Progress*，*Emerging Challenges and Future Directions*，Washington D. C.：World Bank Group. 2011.

② 英文名也可是 Eco-Industrial Parks。

③ 王雪松：《论生态工业园的哲学基础》，《阜阳师范学院学报》（社会科学版）2006年第3期。

④ Zeng，D. Z.，"Special Economic Zones：Lessons from the Global Experience"，*Synthesis Pieces Series*，2019.

⑤ 杨青山、徐效坡、王荣成：《工业生态学理论与城市生态工业园区设计研究——以吉林省九台市为例》，《经济地理》2002年第5期。

表 3 - 2   世界主要园区类型①

类别	功能/目的/特点	配置	典型地点	活动	市场	案例
1. 自由贸易区	贸易支持	入境口岸	转口贸易和贸易相关活动	内销、转口	科隆自由区,巴拿马	
过境区	包装存储和重新包装	< 50 公顷	沿海国家的入境港口	不允许制造	内销、转口	卡拉奇,巴基斯坦
保税区	货物管理,设有海关总署	在港口、机场内或附近	为清关而储存外国货物	内销、转口	北京天竺保税区	
2. 出口加工区	出口制造		无限制		主要为出口	
传统型出口加工区	整个出口制造指定区域	<100 公顷	无限制	制造或加工	主要为出口	巴基斯坦卡拉奇出口加工区
混合型出口加工区	只有一部分用于出口制造		无限制		出口和国内市场	泰国拉特拉邦工业区
3. 单一工厂加工区	出口制造	没有最低限制	全国范围	制造业或其他	出口市场	毛里求斯,墨西哥,马达加斯加
4. 科学工业园区	出口制造业科技创新	>100 公顷	在研究机构或大学附近	研究和发展高新技术产业	本地及海外	日本筑波科学城,清华科技园
5. 综合性经济特区	贸易支持出口制造其他业务活动	>100 公顷	一国的发达地区,尤指沿海地区	多用途	本地及海外	新加坡裕廊工业园

---

① 笔者根据三个信息源整理而成,分别为 Farole, T. & Akinci, G. (eds.), *Special Economic Zones: Progress, Emerging Challenges and Future Directions*, Washington D. C.: World Bank Group, 2011; FIAS, *Special Economic Zones: Performance, Lessons, and Implications for Zone Development*, Washington D. C., World Bank Group, 2008; Zeng, D. Z., *Special Economic Zones: Lessons from the Global Experience*, Synthesis Pieces Series, 2019。

类别	功能/目的/特点	配置	典型地点	活动	市场	案例
6. 企业区	活化市区	<50公顷	市区和乡村	多用途	国内市场	芝加哥
7. 自由港	综合发展	>1000公顷	无限制	多用途	国内、国外和出口市场	约旦亚喀巴经济特区
8. 生态工业园区	工业共生环保和可持续发展	没有最低限制	无限制	多用途	国内、国外和出口市场	吉林省九台市生态工业园

第三节　园区形态演进

虽然园区类别多样，且在世界各国的具体实施规则、侧重产业、政策法规和优惠措施各有不同，但园区的发展离不开三个行为主体——政府、园区运营者和园区内入驻企业。园区无论如何随着实体经济发展趋势和市场需求进行转型，都直接关联这三个主体。中国园区经济发展至今衍生出三种创新模式，分别从政府在其中的职能变化和园区与城市的生态互动关系两个角度对传统型园区升级。

目前有学者对新型园区模式下政府职能进行了进行讨论。金乾生对政府的定位为"催化剂"和"挑战者"并明确了政府职能，主要体现在政府应该提供促进产业集群的相关配套设施和服务体系，并鼓励园区入驻企业制造先进和高新产品，进而助力园区企业提升其核心竞争力和市场壁垒。同时，政府应该为园区内高新技术产业提供财政和政策支持以及相应的管理服务。他同时指出，政府不应该充当市场的角色，而应该在前期扮演"启动轮"角色，随着园区的发展日渐成熟，政府的经济功能应该逐渐减弱，这样才能有利于市场机制的完善。[1] 陈爱贞和刘志彪认为，政府需减少乃至退出对市场的干预，转

---

[1]　金乾生：《开发区创新与发展》，经济科学出版社2013年版。

而聚焦提升园区监管和提供公共服务。① 丁剑平通过对上海自由贸易区的研究发现，园区改革的重点应是重新对政府和市场的关系进行定义，不再以国家的园区优惠政策来作为园区经济发展的核心动力，而在于打造公平和开放的市场环境，让园区和企业通过自由竞争适应市场的需求。②

可以看出，政府本身已经在园区中充当了决策者、执行者、协调者、监督者等多重角色，干预力度非常大，但政府角色究竟为何难以统一而论。接下来笔者将通过分析传统型、平台型、生态型园区的典型案例，探究三种园区中政府角色的转变及园区与城市的生态互动关系，探索园区发展的最优模式。

一 传统型园区

20 世纪 80—90 年代为中国园区发展初期阶段，由国家和各级政府主导的园区运营模式能赋予开发区自主权和不同类型产业扶持优惠政策。政府在早期传统园区的建设过程中起主导作用，园区从前期规划、中期运营到后续发展基本由政府投资，同时其行政管理职能也由政府承担，也就意味着政府对开发区建设和发展可进行强势干预（见图 3-2）。1984—2003 年中国设立的绝大多数开发区都采用这种模式：政府包办和主导。该运作方式通常为用一套班子挂两套牌子，一块为国有性质的开发区建筑和管理公司，一块则是开发区管委会。纵观中国园区发展史，从早期的深圳蛇口工业区、北京新技术产业开发区（现中关村）到 21 世纪初随着西部大开发战略批准设立的 17 个开发区，其建设和发展无一不是由政府全程主导和运营。

---

① 陈爱贞、刘志彪：《自贸区：中国开放型经济"第二季"》，《学术月刊》2014 年第 1 期。
② 丁剑平、赵晓菊：《自贸区金融开放与改革的理论构思——基于要素流动速度不对称视角》，《学术月刊》2014 年第 1 期。

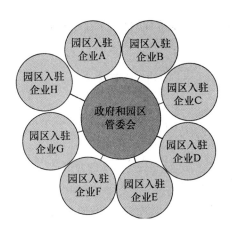

图 3 - 2 传统型园区的政府职能

资料来源：笔者绘制。

中关村科技园就属于第一代园区中比较有代表性的园区。中关村区域及其周围 100 平方公里左右的区域均为政策区范围。作为中国第一个高科技园区，中关村科技园自 1988 年成立至今，从最初的电子一条街到现在的"一区多园"的发展模式，为首都经济发展做出了巨大贡献。① 虽然早期的电子街为企业自然集聚形成，但之后中关村高新区的规划和建设都是由政府主导。该模式能为当时尚处于寻路阶段的中关村科技园较快引进外资和其他资源，且利于资金和资源的统一规划、布局、分配和利用，同时为 20 世纪 90 年代到 2000 年年初中国其他地域的园区筹划和管理提供有效借鉴。

虽然由政府统一聚集调配资源的模式确实对其先期发展起到了助推作用，但随着其规模逐渐扩大和承载功能增加，过多行政压力和干涉，以及交错纵横、复杂冗余的行政管理体系只能愈发限制其发展。尽管中关村管委会是正局级机关，但却不具备任何行政管理职能和行政审批职能。中关村科技园范围内 16 个子园区的审批职能都划归其所在各

① 杜磊：《中关村科技园区创立的历史考察》，《中共党史研究》2017 年第 9 期。

区、县政府，中关村管委会的职能范围仅涵括调研规划和统筹协调园区发展事宜等，对园区并未有统一管理权限。① 这种管理方法使得园区之间缺乏有效交流和协作，不利于资源和人才共享，且各自为营。

从与园区周围环境的关系和互动程度来看，中关村科技园在与周边环境互动中有很大的局限性。就其规划机制分析，中关村科技园所处地理位置在 1988 年进行试点改革前并非北京市中心城区，但随着首都地价不断攀升，人口密度上涨，该区域已成为城市核心地带。而让园区企业和周边居民共享城市基础设施和配套服务只会加重中关村科技园和附近区域公共资源的承载负担，造成区域赋能重叠的问题。同时，城市内的园区开发空间变得极其有限，只能向首都郊区迁移；但这些周边区域在园区服务所需提供的基础设施、公共服务体系等方面的能力支持上却远不如城市完善，这会对入驻企业形成阻力且造成额外运营成本，如员工住宿、通勤等。中关村科技园在其发展过程中，政府主导赋予了其强干预性，同时伴生了很多负面因素。由于园区的灵活机制不强，无法迅速对各种变化做出反应，比如迁移或分割。因此，"一区多园"模式在空间布局战略考量上，面临着进退维谷的处境，这也是由政府一力主导园区发展带来的结果。②

政府主导的另一弊病在全国范围内也开始显现，即开发区的严重泛滥和高度同质化建设。21 世纪初，上至省市，下至县城，几乎各级政府都纷纷投身开发区建设浪潮，兴建各类开发区。据媒体 2007 年报道，陕西省下兴平市、乾县、泾阳县、三原县、秦都区之间相距不足 150 公里，但其辖区内园区功能和发展定位雷同，在每个区域内都规划了"重化工业园""纺织印染区""食品工业园""纺织工业聚集

---

① 人民网：《中关村科技园管理陷"两张皮"尴尬 一区难管多园》，http：//china. huanqiu. com/hot/2013-07/4186811. html。

② 苏杰芹、苏杰天、闫春红、蒋红群：《中关村科技园区发展现状及存在问题研究》，《绿色科技》2016 年第 20 期。

区""化工工业基地"等产业园区。① 这种同质化不仅会产生恶性竞争，而且也会造成资源浪费。政府意识到这一严重后果，要求地方对此做出整顿。据国家发改委 2007 年数据显示，经过为期三年（2003—2006）的整顿，全国各类园区数量由 6866 个减少至 1568 个，规划总面积由 3.86 万平方公里骤降至 9949 平方公里。②

除去侧重产业转型、弱化中小资本的地位、引进更多跨国企业、吸引大额度投资等发展策略，政府和企业都开始重新审视其在园区发展过程中的角色定位，寻求转型与突破。不难看出，由政府全权主导的园区运营模式已难以为继，急需寻求转型突破。

二　平台型园区

平台型园区是在传统园区基础上放开政府主导力量的创新性产物，一些园区开始引入第三方机构来单独承担园区的管理和运营，政府不再干涉园区内的经济活动，让园区发展更符合市场规律。如图 3－3 所示，平台型园区形态下，政府主要参与园区的规划和土地批准，在园区成立之初，就将园区内的入驻企业和配套服务企业类型确定，致力于吸收更多当地优质企业成为园区的一部分。接下来则由园区运营企业搭建平台，政府则褪去其以往在园区发展中扮演的多元角色，回归到为平台型园区中入驻企业提供相应社会服务和配套基础设施的行政职能。

以苏州工业园为例，其运营机制带有显著平台属性。国务院于 1994 年 2 月批准设立苏州工业园，园区的建造乃至经营管理是中国首次尝试两国合作模式，由中国和新加坡一起完成，是中外经济技术战略合作中一种新的尝试。为了推动园区发展，中新双方从三个层面设计了其运作机制和对标机构：由两国副总理任主席，负责统筹协调园

---

① 张军、林嵬：《土地违规新花样》，《瞭望》2007 年第 14 期。
② 国家发展改革委：《开发区清理整顿取得成效已由 6866 个减至 1568 个》，http://www.gov.cn/jrzg/2007－05/09/content_ 608350. htm。

区建设重大问题的中新联合协调理事会；负责解决园区开发所遇问题，并向主席汇报，同时负责日常联络事宜的双边工作委员会。中新苏州工业园区集团股份开发有限公司（简称 CSSD）是园区的管理机构，该公司于 1994 年 5 月成立，主要负责基础设施开发、物业管理、招商引资、一站式服务、咨询服务和产业规划等业务，而园区的行政管理由中方管委会全权负责。①

图 3-3　平台型园区的政府职能

资料来源：笔者绘制。

　　在这种机制下，政府充当规划角色行使行政管理职能，CSSD 承担企业管理职能，彼此独立且各尽其责，政企分开，使得开发区真正实现了自主经营和自负盈亏的理性运作模式。CSSD 在促进园区企业融合和产业链构架上更注重产业层面的发展，因此园区内产业布局比较合理。目前园区在制造业上，主要聚焦于电子信息制造和装备制造两大支柱产业的发展；在新兴主导产业领域，则侧重于发展纳米技术应用、生物制药和云计算等产业。②

---

　　① 金乾生：《开发区创新与发展》，经济科学出版社 2013 年版。
　　② 王南、潘英丽：《苏州工业园变迁图谱》，《经济导刊》2016 年第 6 期。

工业园从开发之初就明确了"先规划后建设"的程序，这让
CSSD 在产业发展的顺序、方向和布局上能就产业链的搭建和园区企
业的外部性有更多思考。如自 2005 年起，CSSD 引入搭配外资企业进
园发展，这些企业产品多具备较高技术含量且具备强外部性。为了降
低成本，除去核心部件外，外资企业生产所需其他零配件都可在当地
进行采购或交于国内民营企业生产。这样当地中小企业可以为其进行
配套生产，形成以外资企业为中心的产业聚焦，进而吸引更多的当地
中小企业加入工业园的产业链中。园区以电子信息制造、机械制造为
主导产业并形成了带有相对完整上下游产业链的、有较强竞争实力的
产业集群，而且有 700 多家金融机构提供不同金融服务。① 通过集聚
效应形成的产业链各端企业无须出园区便可根据需求进行交易，这种
交易不仅存在上下游企业之间，同时也存在于上游和下游各部企业群
体以及上下游企业和金融服务机构之间。

　　苏州工业园区与生态环境的互动机制很明显。在苏州工业园区的
发展过程中，政府投入更多精力在社会服务和配套基础设施上。② 一
方面，苏州工业园提供的"九通一平"政策为不同区域之间的衔接和
其功能的耦合提供了有效保障；另一方面，在教育资源、公共文化、
公共卫生和社会福利等方面，园区投入了大量资金促进不同功能领域
的发展。各类学校、养老服务设施、文化设施建设和卫生医疗资源的
增加，能回应园区内除去工业生产外人民的各种生活需求，并能促进
其园区产业、和生存环境以及生活质量的和谐并行。③

　　产业发展带来人口快速集聚，经济提升同时促进消费水平，进而
对园区除去生产区域外的配套设施和周边服务需求不断增加。基于

---

① 彭兴莲、陈估玲：《产城融合互动机理研究——以苏州工业园区为例》，《企业经济》
2017 年第 1 期。
② 曾智华：《通过开放与创新打造国际化新城——以苏州工业园区为案例》，《城市发展研
究》2017 年第 10 期。
③ 彭兴莲、陈估玲：《产城融合互动机理研究——以苏州工业园区为例》，《企业经济》
2017 年第 1 期。

此，苏州工业园加强了不同功能模块之间的互动联系，使得生活服务设施能串联起生产区域，将工业生产区域、住房用地、配套设施和金融服务有机串联起来并合理配比，为园区居民提供生活便利。①

通过分析苏州工业园发展中政府的角色和园区以及环境的互动，可以看到，平台型园区最显著特征为：第三方独立机构搭建园区平台，并取代园区管委会的职能来负责园区的招商引资和企业管理等事务，政府对园区的行政干涉力度减少。政府的主导性角色被逐渐弱化，不再直接参与园区建设和运营，而转为提供那些外部性较强、难以被内部化的公共物品，并负责园区内社会管理。② 换言之，政府在平台型园区运营中的角色逐渐回归到对园区初期的规划、中期的协助和后期的监管。园区开始生态化发展，园区内企业从单一产业链开始生态扩张，配套设施也更加完善。但园区建设仍然是以配合园区经济发展为主，配套设施也是以园区作为主体，与所在城市整体模块存在割裂。

三 生态型园区

平台型园区下，园区生产和生活区域相互渗透，互通有无，完成政企职能有效分割。园区土地功能的多样化和完善的产业链及配套服务让园区开始进化成生产和生活空间相互交合重叠的多功能复合型生态城市，完成"产城融合"的发展过程，将其形态演进成生态型园区。其中，政府的职能再一次转型，以便更好地服务园区和其他功能区内的产业和人们。产城融合在当今中国是进行时，包括前文提及的苏州工业园区都在积极从平台型园区向产城有机融合的生态型园区转型。众多园区中，天津滨海新区的产城融合和生态园区建设是比较成功的。

---

① 彭兴莲、陈佶玲：《产城融合互动机理研究——以苏州工业园区为例》，《企业经济》2017 年第 1 期。

② Wang, Y. & Yang, C., "Assessing Special Economic Zones in China with the Multi-Sided Platform Model", *Journal of Governance and Regulation*, No. 6, 2017.

滨海新区处于太平洋西岸、天津东部沿海地段，位于京津冀城市群和环渤海经济带的交接处。该区初期发展路径和苏州工业园比较相似，都享有系列特定优惠政策，承载特定且较为单一的功能——作为国家综合配套改革的实验区来深化改革创新，加快产业转型升级。苏州工业园的定位是打造长三角地区现代化、国际化及生态型的高科技产业园区，滨海新区则定位于发展成国际自由贸易区。随着区域产业的发展，增长极效用的不断增强，滨海新区极大带动了地区经济发展，同时也不断被赋予新的功能。除固有的园区职能外，滨海新区也被规划为我国北方地区的国际物流中心与航运中心。同时，作为产城融合模式试点，滨海新区城市规划的目标是构建国际化创新型宜居生态新城区。而园区角色的转型，亦需要政府重新定义自身的作用边界，以便更好地推进城市群落的良性发展。这里可以从两个层面分析政府职能在产城融合机制下的定位。

一方面，从行政体系的规划和演变来看，一系列体制改革举措都表明滨海新区的政府职能机构在经历"做减法"调整，且职能归属日益明显。2013年9月26日，天津市宣布撤销滨海新区下辖的塘沽、汉沽、大港三个城区管委会，改为滨海新区的直管街镇；把27个街镇数量缩减到19个，12个功能区调整至7个。① 可见，三区职能机构数量在减少的同时被吸收了新的管理范围，也就意味着行政重调后，原本园区和周边区域的行政职能都由新区政府统筹管辖。通过精简过多零碎且臃肿的管理部门，滨海新区有效避免了传统型园区下政府对园区运营的行政干涉过大过重、职能部门任务重叠、行政效率低下等问题。

另一方面，从政府对滨海新区的规划来看，并非按传统园区的设计思路对其进行规划，而是在确定其生态型园区定位后，更深层延展了政府规划职能的内涵。滨海新区范围内各园区从拥有

---

① 天津市滨海新区人民政府：《区情：新区简介·2019》，http：//www. tjbh. gov. cn。

数条独立的或有一定联系的产业链集群，演进一个产业链多元、彼此独立却相互依赖的商业生态系统，基本形成了二三产业齐头发展、良性竞争的态势。① 除了传统制造业和技术密集型产业，创新型产业、文化创意产业以及金融服务业也得到着重发展。配套服务和基础设施则是继承平台型园区的跨区域串联特点，在数量上持续增加。

在处理园区和生态环境的关系上，首先，滨海新区遵循由园区企业需求而衍生的多功能城市生态空间布局路径，而非在现有城市中插缝建造的方式。相较以往多数开发区"先城后产"的规划策略，根据产业链和集聚群落的搭建来部署配套服务和基本设施更为合理，且能优化城市公共资源配置。此外，政府对辖区内不同功能区域进行了整合，分离了新区的公共服务和社会管理等职能，明确了各功能区的定位，优化了资源要素配置，同时增强了不同功能区之间的互动。

其次，从产业结构和配套服务来看，滨海新区的产业规模已经发展成为一个产业链多元、彼此独立却相互依赖的商业生态系统。除了传统制造业和技术密集型产业，其创新型产业、金融服务业和农业产业化都被着重发展，基本形成二三产业并驾齐驱、竞相发展的良好态势。配套服务和基础设施也实现了跨区域串联，在数量上持续增加；在园区居民对其生活质量和服务类别需求不断拓展的情况下，提升匹配度和丰富服务范围，例如截至 2017 年年底，提升改造 40 个老旧小区的供水管网、实现区绿化覆盖率 37.6% 等。②

综合来看，滨海区政府在园区的运营上依然侧重于提供公共服务，即保留平台型园区中政府的公共管理和部分经济职能，这是政府在"园区"概念下应发挥的功用。但当园区的"产"和城市交织成一个完整的城市生态体系时，政府又在城市规划中起到了主导作用，

---

① 天津市滨海新区人民政府：《区情：新区简介·2019》，http：//www. tjbh. gov. cn。
② 天津市滨海新区人民政府：《区情：新区简介·2019》，http：//www. tjbh. gov. cn。

回归侧重于生态体系的搭建和维护职能。因此，结合滨海新区的产城融合情况，政府在生态型园区建造中同时承担着两种职能：在园区产业体系内的监管和提供基础服务职能，即政府应该承担的园区职能；以及在产城融合过程中主导城市规划的职能，即政府的城市规划职能。如图 3－4 所示，园区和生态环境的关系为：园区作为整个城市区域的一个与其他功能领域链接且相互渗透的模块，与整个区域环境相互呼应，彼此依存。

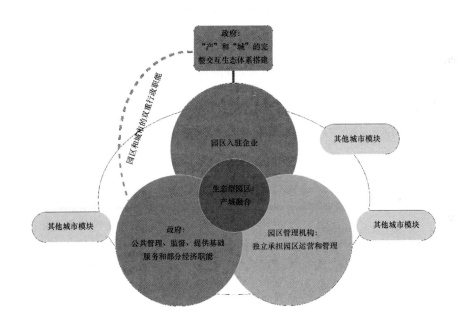

图 3－4　生态型园区的政府职能

资料来源：笔者绘制。

四　综合分析

对于园区形态模式的演进，本章主要聚焦于两个问题：一是政府在园区经济演进过程中所扮演的角色为何，二是不同园区类型与所在城市生态互动关系为何。通过中关村科技园、苏州工业园、天津滨海新区三个案例，笔者发现在中国园区经济发展和转型历程中，政府的职能也在不断改变：在传统型园区中政府为主导型，在平台型园区中为前期规划和中后期协助和监管，以及在生态型园区中的"基本园区职能＋城市规划"复合型职能。这种变化反映出园区从最开始作为一种单纯的政治调节经济的工具，到能带动区域经济增长的有效手段，再到现在一个完整城市生态群落的核心组成部分，其职能以及和城市生态互动的关系也一直在变化，如表3－3所示。

表3－3　　　　　　　　　生态型园区的政府职能

	传统型园区	平台型园区	生态型园区
园区企业	企业性质单一，同质化现象严重； 产业集聚效应不强； 对园区发展的参与度较低	园区企业分布产业链上下游； 政府委托第三方机构间接管理； 园区企业直接参与园区建设	产业链多元，有主导产业，二三产业并驾齐驱； 企业是园区同时也是城市的有机组成部分
代表园区	中关村科技园	苏州工业园	天津滨海新区
政府职能	政府统一聚集调配资源，政府主导建设和开发，行政干预较强	初期进行指导和规划，委托第三方管理园区，提供相应社会服务和配套基础设施	在园区概念下发挥公共管理和部分经济职能，促进"产"的发展； 同时负责城市规划，侧重于生态体系的搭建和维护职能，完成"城"的建设
城市规划	园区主要是为了满足城市经济发展的需求	加强园区内不同功能模块之间的互动联系； 园区内生活服务设施串联生产区域； 政府开始逐渐关注园区作为城市的一部分，其在人文建设、资源环境共享等方面的重要性	园区和城市有机结合，探讨出城中园、园中城的创新模式

资料来源：笔者整理。

平台型园区和生态型园区都是在传统型园区发展经验中逐渐探索出的创新模式，平台型园区强调了政府职能的转变，但仍是基于提高园区经济产出和生产效率的角度，而生态型园区则是将园区作为城市的有机组成部分，强调园区与城市的生态互动，前期规划便是基于城市规划的角度。平台型园区的发展路径为传统型园区在未来的创新转型提供了借鉴意义；而生态型园区，尤其是产城融合型园区则可以作为未来建设园区的一种新思路。

第四节　本章小结

本章主要总结了目前在各国较为普遍的园区类别，然后结合中国园区发展轨迹，将园区形态归纳为传统型园区、平台型园区和生态型园区三个主要类型。本章探讨了政府职能以及园区与所在城市生态互动的转变，尝试从一个新视角来梳理政府与园区运营者的共生关系。

对园区定义、功能、转型的讨论和对园区类别的划分，目的在于明晰园区在当代世界经济发展背景下的意义和重要性；选取中国园区作为案例讨论园区形态发展，原因在于中国的园区数量、规模、发展程度都走在世界前列，通过对中国园区发展共性的研究，可以为其他国家的园区发展提供一定程度的参考价值和借鉴意义。

第四章

南非园区发展概况和挑战

在南非,通过空间和经济干预来改善区域发展不平衡并促进经济发展这一举措,有着悠久的历史。殖民主义和种族隔离制度造成南非各地区发展水平存在巨大差异,尤其是历史上的黑人家园所处地区[①],至今基本上为欠发达地区。南非种族隔离时期政府在其制定的"分别发展"(separate development)政策框架下[②],企图将这些区域建设成自治区,前白人政府通过实施工业地方分散计划,试图在这些贫困的黑人和有色人聚集的区域中,人为制造一种经济的可持续发展表象。[③]该计划的目的是把黑人家园及其周边地区变成为工业发展创造必要条件的制定区域,并且以此带来更多的就业机会。

1994年后,新南非政府必须面对空间不平等和区域发展不平衡等历史遗留难题。有学者指出,新南非政府不愿意继续推行以往的空间和区域发展干预政策,因为这些政策可能被视为支持前白人政府的

---

① 黑人家园,英文 Bantustan 或者 Homeland,又被译为班图斯坦、班图家园等,是南非种族隔离时期政府推行其种族隔离政策的重要部分,旨在对南非和西南非(现纳米比亚)黑人实行政治分离并永久占有保留地以外土地。在此政策下,南非人按种族分类聚集在不同区域且流动受到极大管制,因此各族人民不能共享公共空间和社会服务,是一种种族歧视行为。

② 种族隔离时期,为掩盖这一政策的丑恶本质,南非出现了大量和"种族隔离"(apartheid)类似的表达,常见的有 separate development(分别发展)、parallel development(并行发展)、independent development(独立发展)、national self-determination(民族自决)等。

③ Wellings, P., Black, A., "Industrial Decentralisation under Apartheid: The Relocation of Industry to the South African Periphery", World Development, No. 1, Vol. 14, 1986.

"分别发展"计划，且带有明显的种族主义色彩。① 尽管如此，为了解决根深蒂固的区域发展不均衡问题，新南非政府也提出了一系列新的计划和项目，这些计划或多或少都带有空间和区域发展干预的特质。其中，园区发展是其中较为关键的计划之一。其他的计划或项目还有工业开发区、空间开发项目（Spatial Development Initiatives，SDIs）、国家空间发展展望计划（the National Spatial Development Perspective，NSDP）和国家基础设施计划（the National Infrastructure Plan，NIP）等。

新南非政府于 2012 年正式启动了园区建设计划，并于 2014 年通过了《经济特区法》，以便将经济特区作为助力和支持《产业政策行动规划》（the Industrial Policy Action Plan，IPAP）落地以及加速工业发展的有效手段。② 由于 2000 年开始的工业开发区项目表现未达到政府的期望，新南非政府希望通过新的园区计划吸引更多国内外直接投资，以此刺激区域经济的发展和加速工业化进程。园区项目既是一种空间干预手段，也是政府针对三个问题所做出的综合考量——历史遗留的结构性劣势、社会不平等以及居高不下的失业率。如今，园区经济在全球各国有着不同的模态，整体数量也在不断增加。为确保园区良性发展，多个国家都出台并制定了相应政策乃至法律法规，可见对其重视度之高。同时，这也意味着在园区经济全球化下，南非的园区将和其他国家的园区共同竞争，其中自然包括园区发展态势最为迅猛的中国。

本章首先回顾南非园区发展的整体表现，然后按重要时间节点对南非现有园区研究进行梳理。对南非园区的发展历史回顾后，再对其发展脉络和所面临的挑战进行探讨。

---

① Nel, E. L., Rogerson, C. M., "Re-Spatializing Development: Reflections from South Africa's Recent Re-Engagement with Planning for Special Economic Zones", *Urbani izziv*, Vol. 25, 2014.

② DTI, *Policy on the Development of Special Economic Zones in South Africa*, 2012, Pretoria: Department of Trade and Industry, 2012.

第一节 南非园区概况

一 园区基本信息

南非最早的园区为工业开发区，其历史可追溯到 2000 年 9 月，这类园区的主要目的为通过鼓励对出口导向型产业投资来发展南非本土制造业。[①] 2012 年新南非政府把工业开发区转型为经济特区并定义其为加速南非工业化进程的关键工具之一，主要目的是吸引外国直接投资和出口增值产品、改善现有基础设施、发展新工业中心和并创造大量就业机会。

2019 年，南非共有 10 个运营中的园区，分别是西开普省的亚特兰蒂斯经济特区（Atlantis SEZ，Western Cape）、普马兰加省的恩科马齐经济特区（Nkomazi SEZ，Mpumalanga）、东开普省的库哈经济特区（Coega SEZ，Eastern Cape）、夸祖鲁－纳塔尔省的理查兹湾经济特区（Richards Bay SEZ，KwaZulu-Natal）、东开普省的东伦敦经济特区（East London SEZ，Eastern Cape）、西开普省的萨尔达尼亚湾经济特区（Saldanha Bay SEZ，Western Cape）、夸祖鲁－纳塔尔省的杜贝贸易港经济特区（Dube Trade Port SEZ，KwaZulu-Natal）、自由州省的马卢蒂经济特区（Maluti-A-Phofung SEZ，Free State）、豪登省的奥坦博经济特区（OR Tambo SEZ，Gauteng）、林波波省的穆西纳—马可哈多经济特区（Musina-Makhado SEZ，Limpopo）。另外还有 3 个提上议程但未最终决定的园区：西北省的博亚纳拉经济特区（Bojanala SEZ，North West）、林波波省的图巴策经济特区（Tubatse SEZ，Limpopo）、北开普省的乌平通经济特区（Upington SEZ，Northern Cape）。[②]

新南非政府对每个园区的选址和产业侧重都做了规划，表 4－1 为每个园区的侧重发展产业。在选址方面，除去第一批四个园区外，

[①] DTI, *Special Economic Zones Advisory Board Annual Report* 2017/18, Pretoria, 2018.

[②] DTIC, "Special Economic Zone（SEZ）：2020", http：//www. thedtic. gov. za/sectors-and-services-2/industrial-development/special-economic-zones/.

接下来的园区选址保证每个省至少有一个园区落户；在园区产业设计层面，主要从园区区位所在优势较为明显的产业着手，基于资源分布和产业侧重来规划每个园区的产业集聚。

表 4 - 1　　　南非现有和拟定园区：选址和重点产业（2019 年）

经济特区及启动年份	省份	重点产业
现有经济特区		
亚特兰蒂斯经济特区（2011）	西开普省	可再生能源、绿色科技中心
恩科马齐经济特区（2016）	普马兰加省	农产品加工和贸易中心
库哈经济特区（2001）	东开普省	制造业包括农产品加工、汽车、水产养殖、能源、金属物流和商业流程服务部门
理查兹湾经济特区（2002）	夸祖鲁－纳塔尔省	矿物及其产品制造和储存
东伦敦经济特区（2002）	东开普省	汽车、农产品加工和水产养殖
萨尔达尼亚湾经济特区（2013）	西开普省	石油、天然气和海洋维修工程和后勤服务综合体
杜贝贸易港经济特区（2014）	夸祖鲁－纳塔尔省	主要为汽车，电子和时装服装，高价值、利基农业和园艺产品制造业
马卢蒂经济特区（2016）	自由州省	农产品的集聚、储存和物流点
奥坦博经济特区（2009）	豪登省	金属和矿产部门，重点是轻型、高利润、出口导向的南非贵金属和半贵金属制造业
穆西纳—马可哈多经济特区（2014）	林波波省	穆西纳：轻工业和农产品加工集群 马可哈多：冶金、矿物选矿综合企业 石化工业
拟定经济特区		
博亚纳拉经济特区	西北省	选矿和采矿投入 供应商园区
图巴策经济特区	林波波省	选矿和采矿投入 供应商园区
乌平通经济特区	北开普省	太阳能制造中心

资料来源：根据各园区官网资料整理。

二 园区发展历史

如图 4 - 1 所示，南非在 20 世纪 90 年代已开始策划推行园区经济，于 1999 年成立了库哈发展公司为第一个工业开发区——库哈的建立做准备。2000 年南非正式实施工业开发区政策，并于 2001 年开始先后建立了四个工业开发区，分别是库哈（2001）、理查兹湾（2002）、东伦敦（2002）和奥坦博（2009）。这些园区初始规模较小，属于出口驱动型，且只提供增值税和关税激励措施。2002 年库哈园区正式动工建造，接下来 10 年间，南非开始试运营这些园区项目。[①]

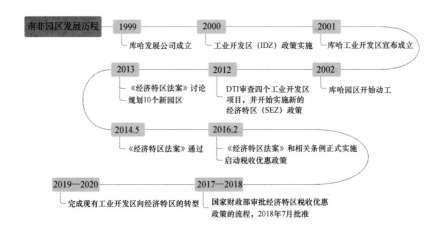

图 4 - 2　南非园区发展重要时间节点

资料来源：根据南非贸易工业部和库哈发展公司资料综合整理。

2012 年，南非贸易与工业部（Department of Trade and Industry，DTI，以下简称"贸工部"）对这四个工业开发区进行评估，认为它们的综合表现并未达到设定目标，具体表现在管理不力、合适的激励

---

① DTI, *Special Economic Zones Advisory Board Annual Report* 2017/18, Pretoria, 2018.

措施缺乏、综合规划不足以及利益攸关方协调不力。① 贸工部启动了对园区的政策审查，以期解决园区设计方案和制度上的缺陷，并最终修订了园区政策。基于此，南非现有工业开发区全部被转型为经济特区。2013 年，南非开始对《经济特区法案》进行讨论，而且在同年规划了十个新园区。2014 年，《经济特区法案》通过，该法案涉及南非所有园区管理条例、监管和评估体系以及园区发展所需拨款和激励措施。2016 年，该法案和相关条例开始正式实施，同时启动了南非园区税收优惠政策制订；2017 年，南非国家财政部对税收优惠政策进行审核，并于 2018 年 7 月批准通过。2019—2020 年，南非计划完成所有现有工业开发区向经济特区的转型过程。

三 园区经济表现

贸工部数据显示，截至 2015—2016 财年，南非四个主要运营园区共吸引了 70 家投企业投资，投资价值估计为 96 亿兰特。截至 2016—2017 财年，投资企业数量增加到 88 家，投资价值为 158.2 亿兰特（见表 4 - 2）。有担保但未经营的投资企业数量为 63 家，投资价值为 340 亿兰特。四个园区财政收入为 11.424 亿兰特，出口总额为 40.33 亿兰特。②

表 4 - 2 2016—2017 财年南非指定和运营园区关键业绩指标（KPI）产出

园区名称	指定年份	规模（公顷）	现有投资企业（家）	投资价值（亿兰特）	直接创造的工作岗位（个）	土地分配（公顷）	财政收入（亿兰特）	出口总额（亿兰特）
库哈经济特区	2001	9003（主园区）+ 256（物流园）	42	62	8210	388	2.753	3.63

① Centre for Development and Enterprise, "Special Economic Zones: Lessons for South Africa from International Evidence and Local Experience", *paper presented to the CDE Round Table Johannesburg*, 19, June, 2012.

② DTI, *Special Economic Zones Advisory Board Annual Report* 2017/18, Pretoria, 2018.

续表

园区名称	指定年份	规模（公顷）	现有投资企业（家）	投资价值（亿兰特）	直接创造的工作岗位（个）	土地分配（公顷）	财政收入（亿兰特）	出口总额（亿兰特）
东伦敦经济特区	2002	462	28	80	3645	7.9	7.207	32
理查兹湾经济特区	2002	383	2	3.2	93	5.5	0.289	—
杜贝贸易港经济特区	2016	302.9	16	13	432	54.5	1.175	4.7
总计		10406.9	88	158.2	12380	455.9	11.424	40.33

资料来源：DTI, *Special Economic Zones Advisory Board Annual Report* 2017/18, Pretoria, 2018。

如表 4-2 所示，库哈经济特区招商引资总额为 62 亿兰特，东伦敦经济特区为 80 亿兰特，杜贝贸易港经济特区 13 亿兰特，理查兹湾经济特区为 3.2 亿兰特。汽车和相关产业投资企业最多，共有 29 家，其中东伦敦经济特区 17 家，库哈经济特区 12 家。其次是物流相关企业（18 家）、农产品加工（7 家）和一般制造业（7 家）。[①]

截至 2016—2017 财年，南非园区直接创造的工作岗位合计达 12380 个，其中库哈经济特区的 42 家企业共创造了 8210 个就业岗位，东伦敦经济特区的 28 家企业创造了 3645 个工作岗位，杜贝贸易港经济特区的 16 家企业创造了 432 个工作岗位，理查兹湾经济特区的 2 家入驻企业带来了 93 个工作岗位。

四 园区激励措施

税收减免或其他激励措施是吸引高质量企业投资进入经济特区的常用策略。如表 4-3 所列，新南非政府出台了一系列税收减免措施：

---

① DTI, *Special Economic Zones Advisory Board Annual Report* 2017/18, Pretoria, 2018.

表 4 - 3　　　　　　　　　　　　南非园区主要激励措施

园区内企业的一般激励措施			
激励措施	优惠	适用对象	特殊条件
就业税激励措施	减少"现收现付"税额	园区内所有雇用低薪工人（年薪＜6 万兰特）的公司	详见南非税务局（South African Revenue Serivice，SARS）
建筑津贴	为建造或改善建筑物、固定结构而提供的建筑物资本（折旧）津贴；费率为每年 10%，为期 10 年	某些经批准的园区内的合格企业	满足资格参照 S12（R）条和（S）条《所得税法》
12（i）免税额	支持资本投资和培训	绿地和棕地投资①	满足资格参照 1962 年《所得税法》第 12（i）条
对园区内符合条件企业的激励措施			
激励措施	优惠	适用对象	特殊条件
增值税和关税减免	进口退税和增值税减免，对来自南非的货物暂停征收增值税，高效和快速的海关管理	园区内海关管制区内的企业	满足资格参照：1991 年《增值税法》、2014 年《海关法》、2014 年《海关管制法》
公司税率优惠	将公司税从 28% 降至 15%	某些经批准的园区内的合格企业	满足资格参照：1962 年《所得税法》第 12（R）和（S）条、2014 年《经济特区法》第 24（4）条

注：12（i）免税奖励旨在支持绿地投资（即只利用新的闲置制造业资产的新工业项目）以及棕地投资（即现有工业项目的扩建或升级）。

资料来源：DTI，*The DTI's Special Economic Zones Tax Incentive Guide*，Pretoria：Department of Trade and Industry，2015。

如果符合资质的园区企业位于海关监管区域（Customs-Controlled Area，CCA），则可享有增值税和关税减免、就业税优惠（the Employment Tax Incentive，ETI）、建筑免税额和企业所得税（Corporate Income

Tax，CIT）优惠。① 企业必须满足政府制定的园区企业"资格标准"中列出的要求，才有资格享受税收减免优惠。就就业税的优惠而言，如果雇用低薪雇员（年薪低于6万兰特），任何雇主都可以申请减税。与国家青年就业补贴相比，雇员没有年龄限制。然而，企业是否愿意放弃在已建立的工业地区获取训练有素的半熟练工人或熟练工人，而投资在雇用当地经验较少的工人，且为其制定期前培训方案，这让人有所怀疑。根据贸工部出台的《园区税收激励指南》（*The DTI's Special Economic Zones Tax Incentive Guide*），相较目前28%的整体税率，2014—2024年园区企业可享受15%的企业所得税减免②必然对潜在投资者具有吸引力；但放眼全球，可以发现相当数量的园区都采取了类似税收减免和优惠政策。因此，南非的税收减免优惠政策在全球语境下是否具有高竞争力，应予以再评估。

第二节　现有南非园区研究

一　前期调研（1985—2000年）

早在20世纪80年代中期就有学者开始思考南非发展园区经济的可行性和意义。Mccarthy指出，建立出口加工区是建立自由贸易"孤岛"、促进出口导向型经济发展的最佳途径。③ 莱特姆（Lightelm）和维尔森纳赫（Wilsenach）讨论了引进经济技术开发区作为提高南非国际竞争力机制的可能性，并试图探讨哪种类型的经济技术开发区适合南非。④

---

① DTI, *The DTI's Special Economic Zones Tax Incentive Guide*, Pretoria：Department of Trade and Industry, 2015.

② DTI, *The DTI's Special Economic Zones Tax Incentive Guide*, Pretoria：Department of Trade and Industry, 2015.

③ Mccarthy, C. L., "Export Processing Zones as an Element of Export-Oriented and Regional Industrial Development", *Development Southern Africa*, Vol. 3, No. 3, 1986.

④ Wilsenach, A. A. L. A., "Special Economic Zones as an Instrument to Stimulate Export Production and Economic Growth within South Africa", *Development Southern Africa*, Vol. 9, No. 4, 1992.

内尔（Nel）指出至 1994 年，南非几乎未对世界各国的出口加工区成功或失败的经验进行回溯和分析。在其研究中，内尔分析了出口加工区的国际经验并评估了发展利弊，指出南非不应盲目发展园区经济，而应对出口加工区的局限性结合南非实际情况和发展需要进行深刻评估。[①] 建立工业开发区是空间发展倡议方案的关键组成部分，朱尔丹（Jourdan）简要总结了工业开发区的目标。开发区的选址毗邻城市（伊丽莎白港和东伦敦）和现有港口（理查兹湾和萨尔达尼亚），因为这些地方是沿海城市，以前有港口设施并且已经形成了一些工业集群，开发区建设在这里旨在吸引更多的工业投资。Jourdan 指出，这些工业园区是测试工具，在经济发展特别是就业增长方面发挥着重要作用。[②]

1985—2000 年，南非并未设立任何实体园区，因此所有的探讨都停留在理论层面，大多为对南非园区经济发展模式的可行性讨论，比如园区类型、选址、其他国家园区发展模式和经验分析以及一些倡导性建议。总体来说，这个阶段南非相关园区研究对园区发展计划的推行持较为乐观态度，各界也普遍认为南非可以参照其他国家园区发展路径来打造自己的园区项目。

二　初步发展（2001—2012 年）

2001 年库哈园区项目的正式启动意味着南非园区发展拉开了序幕，直到 2012 年新南非政府联合各界专家评估了过去 11 年南非工业开发区的整体运营状况和业绩，指出园区项目并未成功，表现也未达预期。这个阶段中，学界对南非园区发展的关注较上个阶段有所增加，研究重点也各有不同。

亚克（Jauch）认为出口加工区并不能解决南部非洲经济增长缓

---

① Nel, E., "Export Processing Zones: International Experience and Applicability in South Africa", *Development Southern Africa*, Vol. 11, No. 1, 1994.

② Jourdan, P., "Spatial Development Initiatives (SDIs) -the Official View", *Development Southern Africa*, Vol. 15, No. 5, 1998.

慢问题，园区特立独行的政策和法律体系会威胁劳工标准和区域合作。他指出在特定区域内，政府通过降低劳工标准、限制工会权力和向外国公司提供高成本的激励措施来吸引外国投资，会极大限制新投资对国家或地方经济的净收益，反之会为外国投资者和股东提供显著利益。亚克提出了一个关于出口加工区的延伸概念："伪装"的出口加工区，认为南非种族隔离时期政府 20 世纪 80 年代在黑人家园等指定的某些地区实施的政策类似于出口加工区政策，同时这些地区提供的工作条件类似于出口加工区。但是，这些分散的工业区与出口加工区不同，地理位置并不毗邻或位于机场、港口或其他交通枢纽。[①] 唐晓阳（Tang）讨论了南非建立工业开发区的目的和目标，并对这些园区经济表现作出评估。她指出非洲各国面临的重要经济问题之一是如何使其经济形态多样化。南非工业开发区的发展可以借鉴本身累积的产业政策经验和其他国家的园区经验。对于政府，应颁布政策鼓励规模经济、创新以及生产创新型产品来和其他国家竞争。[②]

希尼翁（Chiguno）认为园区仅靠提供基础设施并不会对投资者产生新引力，南非园区的弱点之一是工业开发区并未嵌入整个国家经济体系。因此，建造园区主要目标之一是吸引更多和南非本土经济联系更为紧密的投资。同时指出，新南非政府必须制定有连贯性的工业战略，并呼吁各级政府之间加强协调合作，为投资者提供更好的服务。希尼翁认为工业发展区项目是一个半成品，因为在南非各政府部门之间并未达成明确共识之前便已推出该项目计划并得到了实施，且在实施之后相关方依旧缺乏园区发展的共识，建议采取一种更为合适

---

① Jauch, H., "Export Processing Zones and the Quest for Sustainable Development: A Southern African perspective", *Environment&Urbanization*, Vol. 14, No. 1, 2002.

② Tang, V. T. (2008). "Zoning in on South Africa's Industrial Development Zones", https://www. semanticscholar. org/paper/Zoning-in-on-South-Africa% E2% 80% 99s-Industrial-Development-Tang/a60151e38b61a013761d2f8e5f3a9566f52e5744#paper-header.

的方式取代园区项目并更侧重南非国内市场生产和建设。① 在其接下来的研究中，希尼翁再次强调南非的工业开发区实质上并不是经济特区，因为与其他园区相比，南非的工业开发区并未向投资者展示其独一无二的吸引力。他指出，利益攸关方协调和合作不力是阻碍南非园区成功的一大原因。与海外园区优惠政策不同，南非在任何阶段都没有向投资者提供任何财政激励。这意味着南非园区方案具有局限性，与亚洲和其他非洲国家相比，南非园区没有明确定义其"唯一性"和"特殊性"来塑造其核心竞争力。②

麦卡勒姆（Mccallum）指出工会在南非的强大影响蔓延至园区，并强调对园区员工权益的保护，但由于南非工会过于强势，相关法律更倾向对劳工的保护，使得园区投资者会更慎重考虑对南非的投资。同时，这种保护和为工人提供的相对更公平的社会对话制度，并未帮助园区创造更多就业或从出口导向的增长模式中获取潜在利益。③ 图罗克（Turok）认为南非的空间差距和空间不平等差距明显，具体体现在城市、城镇和农村地区的基础设施上。他强调制定经济发展策略上，集聚效应和其他能影响经济活动的外部因素也非常重要。南非在发展空间经济措施的重点主要有两个，一是促进农村发展，二是在沿海区域的工业开发区，但是对这些园区的建立原因，Turok 持不确定态度。④

西塞（Cisse）指出，中非关系的紧密带来各种投资机会，中国园区的成功也引起了非洲各国对其经济发展战略的新思考。南非制定的

---

① Chinguno, C. (2009), "Neither Fish nor Flesh: A Review of South Africa's Version of the Export Processing Zones", https://www. academia. edu/1069134/Neither_ Fish_ nor_ Flesh_ A_ Review_ of_ South_ Africa_ s_ version_ of_ the_ Export_ Processing_ Zones.

② Chinguno, C., "South Africa's Experience with Special Economic Zones", Report Commissioned by Center for Development and Enterprise, 2011.

③ Mccallum, J. K., Export Processing Zones: Comparative Data from China, Honduras, Nicaragua and South Africa, ILO, 2011.

④ Turok, I., "Spatial Economic Disparities in South Africa: Towards a New Research and Policy Agenda", ESSA Conference, Stellenbosch. 2011.

园区计划的目的是改善和提升以往工业开发区的业绩，创造有利于投资的营商环境，为以往被边缘化的公民和区域创造更多商机和就业机会，解决长久困扰南非的区域发展不平衡问题。他认为南非园区的成功必须要以完善基础设施建设为前提，包括道路建设、供水、能源、通信设施和港口等，同时必须保证当地企业入驻和培训当地劳工。Cisse 建议新南非政府对园区监管模式和相关法律进行深入研究，在从其他国家借鉴经验的同时，结合实际情况进行灵活调整。① 扎伦达（Zarenda）主要对南非园区法案和政策进行了探讨，发现南非经济特区法案草案中忽视了一个重要问题，即园区采用的经济改革政策推行到其他经济领域后是否能长期持续，还是这些政策只服务于南非《产业政策行动规划》和《新增长战略》（New Growth Plan）中制定的特定产业，以着力打造这些产业的竞争优势和比较优势。作者同时指出，南非园区的地理位置选择动机模糊，如果园区区位的选择是基于政治而非经济因素考量，则园区项目实施是资源浪费。②

综上可见，2001—2012 年的研究对南非园区的整体表现讨论较少，因为发展初期较难评判园区项目的好坏。这个阶段园区研究的特点是结合园区当时的发展状况给出园区政策的补充、相关园区法案的研讨、园区功能的再定位、园区经济和空间干预之间的关系，以及园区发展策略等。

三 转型突破（2013 年至今）

由于新南非政府判定前十年园区发展状况不容乐观，并迫使工业开发区转型为经济特区，该阶段对于南非园区的研究也开始带有反思和批判式讨论特征。

---

① Cisse, D. , *South Africa's Special Economic Zones - Inspiration from China*, CCS Commentary, Stellenbosch University: The Centre for Chinese Studies (CCS), 2012.

② Zarenda, H. , "Special Missing Zones in South Africa's Policy on Special Economic Zones", *Stellenbosch: Tralac Trade Brief*, Vol. 12, No. 4, 2012.

内尔（Nel）和罗杰森（Rogerson）认为南非在空间经济干预方面的经验有限，工业开发区项目发展未能达到预期。他们反思了南非在空间经济干预方面的措施和全世界园区发展的相关经验，对园区发展的优势、弱点和建立园区的关键考虑因素进行了探讨；强调南非园区的目标是在协助扭转国家制造业衰退的同时，尽可能努力解决种族隔离后南非空间发展不平衡的问题；建议不能将这些园区视为孤立的飞地，而应将其视为不断发展的国家经济生态的一个组成单元，以及更广泛经济和制度改革的一个要素。此外，园区及其相关政策手段不应局限在时间和空间概念中，而应根据不断变化的国家及全球经济环境和需求，以及世贸组织要求和规章制度而灵活调整和发展。① 他们随后的研究持续跟踪了南非园区项目进程，指出该项目是基于空间的经济干预的明显回归，虽然新南非政府期望园区可以帮助解决空间不平等和空间发展不平衡问题，但园区如何助力以及在这一过程中将发挥什么作用仍然不明确。② 随后，他们在 2016 年的研究中评估了南非重新参与空间经济干预的措施，包括完善和加强基础设施建设、发展制造业和旅游业等。他们认为现阶段依旧无法对这些干预手段做出决定性评断，需要等待时间和历史的检验。③

尼亚卡巴沃（Nyakabawo）认为建立园区的决定不能受政治因素限制，而应该让经济因素推动园区发展，新南非政府应该选择能从激励措施中产生最大国家利益的企业，而非通过人为限制区位控制经济的发展；基于南非现实情况，提出了采用印度的"出口导向单位"（Export Oriented Units，EOU）作为南非经济特区的一项补充政策。EOU 能将出口利益扩大至单个生产设施，且不受地理区位局限，是一

① Nel, E., Rogerson, C. M., "Special Economic Zones in South Africa: Reflections from International Debates", *Urban Forum*, Vol. 24, No. 2, 2013.

② Nel, E., Rogerson, C. M., "Re-Spatializing Development: Reflections from South Africa's Recent Re-Engagement with Planning for Special Economic Zones", *Urbani izziv*, Vol. 25, 2014.

③ Rogerson, C. M., Nel, E., "Redressing inequality in South Africa: The Spatial Targeting of Distressed Areas", *Local Economy*, Vol. 31, No. 1 – 2, 2016.

种"去空间化"的园区形态。在实现经济增长战略时，可以以行业和企业为重点，而不必非得限制在某个特定区域。Nyakabawo 指出南非的园区架构思维可以不与空间挂钩，也不应将经济特区方案作为农村发展战略的组成部分，而应让其更聚焦于促进出口和创造更多就业岗位。[①]

比萨（Pisa）等学者针对南非西北省的产业集群进行了深入研究，对该省未来的园区发展模式和主导产业进行了可行性分析。他们指出西北省的产业结构较为单一，依赖少数产业发展经济，应实现产业集群发展，实现产业经济多元化，建议政府应努力创造一个有利于资源依赖型地区集群成型的商业环境。该研究为西北省的园区发展提供了新的思路。[②] 费洛（Farole）和夏普（Sharp）列举了南非园区需要解决的两个主要问题，一是南非在园区项目的规划上要界定投资的主要限制因素，这些限制因素可能会由于财政、实际推进、政治或经济等原因无法在国家层面解决。二是园区项目的设计应聚焦于如何消除这些限制因素。他们认为土地和工业基础设施对投资者而言，并不是关注的重点，也不构成阻碍其投资的制约性因素，而南非现有的园区发展策略却恰好是基于基础设施和财政优惠而设计。[③]

该阶段园区研究有两个主要特征，一是把园区项目置于南非整体发展计划框架下讨论其作为空间经济干预手段的可行性；二是带有明显批判性的反思，主要从政府职能、园区形态以及设计机制等层面给出不同见解。

纵观南非园区研究的发展，可发现研究者们在园区初步发展阶段的研究数量最多。从 2012 年至今的转型突破阶段，实则可以定义为

---

① Nyakabawo, W., *The Geographic Designation of Special Economic Zones*, TIPS. 2014.

② Pisa, N., Rossouw, R., Viviers, W., "Identifying Industrial Clusters for Regional Economic Diversification: The Case of South Africa's North West Province", *International Business & Economics Research*, Vol. 14, No. 3, 2015.

③ Farole, T., Sharp, M., "Spatial Industrial Policy, Special Economic Zones and Cities in South Africa", *National Treasury*, 2017.

"转型观察初期"，即南非园区还处于再规划层面，除了现有的以往工业开发区，其他新园区都未真正建成。

第三节　南非园区发展脉络梳理

自 1994 年以来，新南非政府一直尝试通过不同经济干预政策和空间再规划战略，来解决种族隔离时期遗留下来的各种问题，比如深度贫穷、失业以及空间发展不平衡。南非的各种经济发展政策和项目，都或多或少带有一些空间干预的影子，其目的在于解决南非根深蒂固的"空间不平等"问题。南非园区的发展路径，并不是在某一个特定学科内能够探讨完成，而是应从南非历史、社会制度、政治、经济等角度以发展和动态的视角综合讨论。这也是南非园区有别于其他国家园区的主要鲜明特征。

一　种族隔离遗产——空间不平等

新南非政府看到了其他第三世界国家园区经济的蓬勃发展以及园区经济带来的显著区域发展红利，从 2000 年开始决定发展自身的园区经济；因此，经济特区和其前身——工业开发区项目也就应运而生。可以说，南非园区建立的初始，就带有鲜明的解决历史遗留问题的使命——消除空间发展不平等，这是南非园区自诞生起就必须担负的责任。

坎普尔（Kanbur）和维纳布斯（Venables）提出，空间不平等指的是一个国家内不同地理单元间经济和社会福祉指标的不平等，属于整体不平等的一部分。但当空间和区域的割裂，与政治和种族紧张关系结合起来，并破坏社会和政治稳定时，这种不平等就变得更为显著。[1] 拉尔（Lall）和查克拉伯蒂（Chakravorty）也指出，空间不平等

---

[1]　Kanbur, R. , Venables, A. J. , "Spatial Disparities and Economic Development" in Held, D. , Kaya, A. , *Global Inequality: Patterns and Explanations*, Cambridge and Malden, Polity Press, 2007.

指的是不同的空间或地理单元处于某种利益变量的不同水平,通常是(平均)收入。① 他们还指出,历史、自然资源、人力资本、地方政治经济和文化等要素都可能导致空间不平等。

空间不平等和区域差异是发展中国家和经济转型期国家政策讨论的重要关注点。② 世界银行从地方、国家和国际三个层面讨论了经济的"不平衡"发展,并在《2009 年世界发展报告》中指出,不平衡的经济增长将继续存在,为了减小空间差距的过度且非针对性补偿政策可能会阻碍区域经济增长,这些政策反而会对脱贫造成负面影响。③

殖民史、土地掠夺史和种族隔离导致了南非现存显著的区域不平等:留给黑人的自治区只占南非国土面积的13%,而且均为严重欠发达的地区。虽然黑人是劳动力的储备军,但黑人自治区得到的社会和物质基础设施上的经费非常有限,其经济基础主要是小面积、低生产率的自给农业。自治区留存黑人的收入主要来源是迁徙到"白人区域"谋生工人们的汇款,这些工人往往是南非白人的矿山、农场和新兴产业的劳动力。内尔和罗杰森认为,南非的空间发展不均衡是几代人有意识边缘化黑人家园所属区域的产物,这造成了这些区域不可避免的结构性劣势。④ 南非的空间不平等是种族隔离的遗产,种族隔离的后续影响也加剧了城市隔离和城市分散发展。⑤

---

① Lall, S. V., Chakravorty, S., "Industrial Location and Spatial Inequality: Theory and Evidence from India", *Review of Development Economics*, Vol. 9, No. 1, 2005.

② Venables, A. J., Kanbur, R., *Spatial Inequality and Development*, Overview of the UNU-WIDER Project, New York: Oxford University Press, 2005.

③ World Bank, *Reshaping Economic Geography: World Development Report* 2009, Washington, D. C.: World Bank, 2009; Nel, E. L., Rogerson, C. M., "Re-Thinking Spatial Inequalities in South Africa: Lessons from International Experience", *Urban Forum*, Vol. 20, No. 2, 2009.

④ Nel, E. L., Rogerson, C. M., "Re-thinking Spatial Inequalities in South Africa: Lessons from International Experience", Urban Forum, Vol. 20, No. 2, 2009.

⑤ Turok, I., "Spatial Economic Disparities in South Africa: Towards A New Research and Policy Agenda", ESSA Conference, Stellenbosch. 2011.

自 1948 年强制推行种族隔离制度以后，南非种族隔离时期政府试图限制黑人移入白人城镇。这最终演变成"大种族隔离"（Grand Apartheid），"黑人居留区"（Black Reserves）成为自治区，成为名义上的"独立"国家。对于白人政府而言，为了让种族隔离政策看上去"合法"且"有效"，必须设法让这些自治区具备实体经济基础。因而，从 20 世纪 50 年代末开始，政府采取了自上而下的区域发展干预措施，以补贴位于经济增长点外围辐射区域的制造业企业。[1] 这一系列举措中，比较有代表性的是 1982 年提出的"区域工业发展项目"（Regional Industrial Development Programme）。该项目在南非全国范围内划定了 80 个增长点，并以这些增长点为中心进行发展，在这些增长点内，政府为吸引劳动密集型企业，专门修建了基础设施和提供激励性的奖励措施。[2] 需要指出的是，大多数增长点的地理位置都处于黑人家园范围内或附近。内尔和罗杰森对这个项目的评价是："事实上，这一政策是基于对空间的种族化概念制定的，导致投资几乎不可能催化区域经济的增长。"[3] 该项目显然未能让这些边缘化区域实现可持续增长，1991 年，该项目被叫停。

二　新南非主要空间干预措施

南非的空间经济呈现出发展不平衡的二元化特征。南非领土上存在两套不同的空间安排和定居模式：一是经济增长率高、人口密度高和贫困程度高的集中地区；二是经济增长率低、人口密度高和贫困程

[1]　Wellings，P.，Black，A.，"Industrial Decentralisation under Apartheid：The Relocation of Industry to the South African Periphery"，*World Development*，Vol. 14，No. 1，1986.

[2]　Tomlinson，R.，Addleson，M.，*Regional Restructuring under Apartheid：Urban and Regional Policies in Contemporary South Africa*，Johannesburg：Ravan Press.，1987.

[3]　Nel，E.，Rogerson，C. M.，"Re-Spatializing Development：Reflections from South Africa's Recent Re-Engagement with Planning for Special Economic Zones"，*Urbani izziv*，Vol. 25，2014.

度高的地区（特别是黑人家园区域）。① 由于历史上长期的空间不平等，当前新南非政府的政策重心更多集中在促进农村地区的发展。1994 年南非大选后，新南非政府认为迫切需要解决前任政府留下的不断加剧的区域不平衡问题，同时还必须创造更多的就业机会和减少社会不平等。为了改变现状，新南非政府采取了系列空间干预措施，比较典型的有 1995 年的空间开发项目、2000 年的工业开发区、2006 年的国家空间发展展望计划、2012 年的国家基础设施计划和经济特区。②

1995 年启动的空间开发项目以"走廊式"发展为基础，被视为促进有增长潜力的欠发达地区投资的综合规划工具。③ 但若要充分发挥空间开发项目的潜力，有一个前提——政府必须竭力促进投资，并释放由于历史和政治原因而造成的欠发达地区的经济潜力，这些行动可以为相关区域创造更多就业机会和财富。④ 空间开发项目颇有成效，例如马普托走廊（the Maputo Corridor）改通往位于莫桑比克马普托主要港口城市的运输网络。⑤

2000 年起，新南非政府开始在几大交通枢纽附近建立工业开发区，包括 2001 年建立的库哈工业开发区、2002 年的东伦敦工业开发区、理查兹湾工业开发区和约翰内斯堡的奥坦博工业开发区。2013 年，南非在西开普省建立了萨尔达尼亚湾工业开发区。2014 年，在夸祖鲁－纳塔尔省南非建立了杜贝贸易港工业开发区。政府建立这些开

---

① The Presidency, *National Spatial Development Perspective*, Pretoria, 2006.

② Lester, A., Nel, E., Binns, T., *South Africa: Past, Present and Future*, Harlow: Pearson, 2000.

③ Rogerson, C. M., "Spatial Development Initiatives in Southern Africa: The Maputo Development Corridor", *Tijdschrift Voor Economische En Sociale Geografie*, Vol. 92, No. 3, 2001.

④ Jourdan, P., "Spatial Development Initiatives (SDIs) -the Official View", *Development Southern Africa*, Vol. 15, No. 5, 1998.

⑤ Rogerson, C. M., "Spatial development initiatives in Southern Africa: the Maputo development corridor", *Tijdschrift voor economische en sociale geografie*, Vol. 92, No. 3, 2001.

发区的主要目的是促进以出口为导向的制造业的发展和吸引外国投资。[①]

　　然而，贸工部于 2012 年对以往建立的四个工业开发区——库哈、东伦敦、理查兹湾和奥坦博进行评估，指出这些既有工业开发区的发展和表现并未达到既定期望，原因主要包括特别激励措施不当、政府规划安排指导不足、园区过度依赖政府供资、缺乏营销和融资战略以及股东间协调不力等。[②] 此外，路易斯（Luiz）质疑库哈工业开发区和东伦敦工业开发区的选址，因为这两个园区在地理位置上过于接近。[③] 由于工业开发区表现不佳，2012 年，新南非政府提出了开发区转型战略——从工业开发区转型为经济特区。

　　前文提及，南非的各类经济增长措施和国家战略项目都带有空间干预的色彩，其中最关键的一项空间干预计划是 2006 年新南非政府发布的国家空间发展展望计划。该计划主要内容有：（1）对南非各地制定了不同等级的发展潜力；（2）为国家空间经济未来的演变趋势提供可能的指导方针和干预措施；（3）明确讨论空间不平等和区域发展不均衡问题。[④] 该计划指出，南非近 80% 的经济产出来自 4 个核心地区：豪登省、开普敦、德班—彼得马里茨堡、伊丽莎白港及它们的邻近区域。这意味着其他地区的经济产出相较于这四个地区是失衡的。

　　2012 年的国家基础设施计划为综合性市政基础设施项目，其目的是帮助提升国家能力，以最少的资源帮助有 1900 万人口的 23 个

---

① Centre for Development and Enterprise, "Special Economic Zones: Lessons for South Africa from International Evidence and Local Experience", paper presented to the CDE Round Table Johannesburg, 19, June, 2012; DTI, "2014/15 SEZ Performance Analysis Bulletin", https://www.thedti.gov.za/industrial_development/docs/IDZ_Performance_report.pdf.

② DTI, *Policy on the Development of Special Economic Zones in South Africa*, Pretoria: The Department of Trade and Industry, 2012.

③ Luiz, J. M., "The Relevance, Practicality and Viability of Spatial Development Initiatives: A South African Case Study", *Public Administration & Development*, Vol. 23, No. 5, 2003.

④ The Presidency, *National Spatial Development Perspective*, Pretoria: The Presidency, 2007.

区域解决基础设施维护积压问题，并按规定升级供水、电力和卫生基础设施。例如，公路网的有效维护能提高交通运输和承载能力。这些积压的基础设施问题的解决以及基础设施系统的升级，都能实惠于民。[①] 但是，通过对比该计划覆盖区域地图可发现，这些计划实施的区域与黑人家园区域存在高度重叠。这样的设计反映了新南非政府在解决南非欠发达地区问题上的失败，因为政府再次回到了一个惯性的思维轨迹：使用经济干预政策来解决长期存在的深度结构发展不平等。[②]

1994 年以来，新南非政府一直在努力解决根深蒂固的社会、地区和经济不平等问题。表 4-4 中列出的这些主要空间干预措施表明，政府认识到应该在实际推行中审查不同机制在缓解国家的空间不平衡的效用。当然，新南非政府也在不断摸索新的方法来加强空间干预和帮助经济转型，其中经济特区就是一个新的尝试。

表 4-4　　　　　　　　新南非政府采取的主要空间干预措施

措施	年份	目标	消除空间不平等和区域发展不平衡
空间开发项目 Spatial Development Initiatives	1995	吸引以出口为导向的产业和相关服务业的新投资	是
工业开发区 Industrial Development Zones	2000	促进对有增长潜力的欠发达地区的投资	是
国家空间发展展望计划 National Spatial Development Perspective	2006	以国家空间经济未来演变趋势为框架提供指导方针和干预措施 明确讨论和应对空间不平等、区域不平衡问题	是

① "23 Poorest Districts to be Upgraded-Zuma", News 24, January 12, 2013; South African Government, National Infrastructure Plan, 2012.

② Nel, E., Rogerson, C. M., "Re-Spatializing Development: Reflections from South Africa's Recent Re-Engagement with Planning for Special Economic Zones", *Urbani izziv*, Vol. 25, 2014.

措施	年份	目标	消除空间不平等和区域发展不平衡
国家基础设施计划 the National Infrastructure Plan	2012	建设新的并升级的基础设施，包括医疗、学校、供水系统和卫生设施以及国家电网，同时还投资建设港口、公路和铁路	是
经济特区 Special Economic Zones	2012	利用激励措施促进国家经济增长和出口，有针对性地吸引外国和国内投资和技术入股	是

资料来源：笔者整理。

三 南非园区的转型和探索

贸工部在 2012 年评估了工业开发区的整体运营表现，并出台了研究报告。该报告指出，工业开发区的重点是建立在与国际空港、海港等国际运输枢纽相连的特定区域，并吸引出口导向产业和有关服务的新投资。因此，只有少数经济领域能受惠于这一方案。同时，现有运营的工业开发区的整体表现并未达到预期目标。此外，该报告认为工业开发区的设计理念主要聚焦于园区内的活动和入驻企业，较少关注园区外经济活动和外部关联性。与中国、新加坡和坦桑尼亚等国的园区相比，南非工业开发区对潜在投资者而言，缺乏特别的吸引力。[①]这些限制导致该方案未能为外国投资创造有吸引力的投资环境，从而导致工业开发区的整体表现不尽如人意。

为了改善这种状况，提升南非园区的发展效率，新南非政府于2011 年起草提议了《经济特区法案》，规划了 10 个存在发展潜力的区域为经济特区。该法案于 2014 年正式通过。[②] 2012 年贸工部发布

---

① Nyakabawo，W.，*The Geographic Designation of Special Economic Zones*，TIPS. 2014.

② DTI，*Industrial Policy Action Plan*（*IPAP*）2012/13-2014/15，Pretoria：Department of Trade and Industry，2010.

的《经济特区发展政策》（*Policy on the Development of Special Economic Zones*）对经济特区做出如下定义："经济特区是一个国家为特定目标的经济活动而划定的地理区域，并且通过特别措施（可能包括法律）和扶持制度支持其发展，而这些措施和制度往往不同于该国其他地区的制度。该定义包含以下三个重要因素：（a）指定的地区；（b）有针对性的工业活动，能为经济带来额外效益；（c）一个适当的支持体系，以满足所在地区、目标行业和投资以及其他关键角色的需求。"①

2014 年 5 月新南非政府通过的第 16 号法令——《经济特区法令》（*Special Economic Zones Act* 16 *of* 2014）进一步对园区做出定义，指出其是"一种利用扶持措施促进国民经济增长和出口的经济发展工具，以吸引来自国内外的经济投资和技术支持。"②

从表 4 - 5 可看到，工业开发区的定位和经济特区的定位，二者大多数是重叠的，这表明政府已经有意识地将以往的"不成功的"工业开发区转型为经济特区。经济特区被赋予了新的职能，即促进区域发展和探索新的经济增长点。贸工部表示，经济特区有望被用作促进产业转型、区域发展以及吸引国内外投资的工具平台。③ 经济特区方案与贸工部 2013 年出台的《产业政策行动规划》直接相关，该规划阐述了南非的产业政策和方向，包括解决空间不平等等目标。截至 2019 年，每一年更新的《产业政策行动规划》中，经济特区方案都被认为有望给南非的产业振兴带来各种机会，包括吸引国内外投资、增加出口、创造就业、发展技术、和供应商建立经济联系以及促进区域发展。④

除列举的几个潜在的经济特区外，2014 年的《经济特区法令》

---

① DTI, *Policy on the Development of Special Economic Zones in South Africa*, Pretoria：The Department of Trade and Industry, 2012.

② Republic of South Africa, *Special Economic Zones Act* 16 *of* 2014, May 19, 2014.

③ Republic of South Africa, *Special Economic Zones Act* 16 *of* 2014, May 19, 2014.

④ DTI, *Industrial Policy Action Plan*（*IPAP*）2012/13-2014/15, Pretoria：Department of Trade and Industry, 2010.

指出，国家政府、省级政府、市级政府、公共实体、市政单位或者公私合营的伙伴关系，单独或联合行动，均可以在规定的形式和方式下，申请划定一个特定区域作为经济特区。[①] 这表明，园区预计通过不同主体的混合合作模式支助中小型企业的发展。这种公私合作模式实质是采取"构建—运营—转移"的模式（a build-operate-transfer approach）来创建目标集群和价值链。正如前贸工部部长 Rob Davies 所说，政府计划扶持中小企业，比如通过产业孵化（和）供应商发展计划，最大限度地扩大园区在全国范围内对中小企业的影响。[②]

表4-5　　　　　南非工业开发区和经济特区预期目标的比较

工业开发区	经济特区
促进建立工业联合体，具有战略经济优势	促进建立工业综合体，在制造部门和可交易服务部门的有针对性的投资和工业方面具有国家经济战略优势
战略投资对象	目标投资对象
促进开发资源密集型产业	选矿和自然资源筛选
利用现有产业能力，促进与当地产业的融合，增加增值生产	利用现有的工业和技术能力，促进与当地工业的融合，增加增值生产
在其所在地区创造就业机会和其他经济及社会福祉	在其所在区域创造就业机会及其他经济和社会效应，包括通过促进中小微型企业和合作社扩大经济参与，以及促进技能和技术转让
通过适当的环境、经济和技术分析，与任何可适用的国家政策和法律保持一致	促进区域发展 创造新的和创新的经济活动 完善必要的基础设施，以支持目标工业活动的发展 吸引国内外直接投资

资料来源：*The Manufacturing Development Act*（Act No. 187 of 1993，p. 5）和 *Special Economic Zones Bill*（Act No. 16 of 2014，pp. 9-10），为了方便比较，笔者对一些内容进行了顺序调整。

[①] Republic of South Africa, *Special Economic Zones Act* 16 *of* 2014, May 19, 2014.

[②] Allix, M., *Speical Economic Zones: Proof of pudding*, Financial Mail, South Africa, Times Media（Pty），2015.

贸工部 2012 年发布的关于经济特区和工业开发区的报告——《2012 年南非经济特区发展政策》和 2014 年通过的《经济特区法案》确定了四种不同类型的经济特区：自由港、自由贸易区、工业开发区和产业开发区。贸工部认为，这四种类型的经济特区相辅相成，可以整合到一个框架性的区域计划中。[①] 经济特区的分类视情况而定。根据贸工部 2016 年的《南非经济特区和工业开发区》报告，南非园区的分类方法主要是基于经济特区的职能，尽管这些职能可能有一定程度的重叠。[②] 与第三章总结的八种不同园区类型及职能相比，南非选择以上四类园区的目的非常明确：吸引国内外投资、建设更多的工业枢纽、提高战略性工业能力、增加直接投资存量、促进经济增长、增加出口附加值、创造就业机会和区域多样化。[③]

上述提及，经济特区方案是南非每年发布的《产业政策行动规划》的主要内容之一，新南非政府对园区的期望是解决空间不平等、农村欠发达地区的发展滞后、区域经济增长缓慢等问题。[④] 2019 年南非共有 10 个园区在运营。一些建立时间较长的园区，比如库哈和东伦敦都毗邻国际交通运输枢纽[⑤]，而 2014 年后设立的新园区则分散在全国各地——每个省至少有一个，其基本处于欠发达的贫困地区。

通过比照南非经开区的分布和黑人家园区域分布，笔者发现除去西开普省的亚特兰蒂斯和萨尔达尼亚湾以及北开普省的乌平通 3 个园区外，其余 10 个园区都处于或邻近的黑人家园区域以及最贫穷的 23

① DTI, *South African Special Economic and Industrial Development Zones*, Pretoria：The Department of Trade and Industry, 2016.

② DTI, *South African Special Economic and Industrial Development Zones*, Pretoria：The Department of Trade and Industry, 2016.

③ DTI, "Special Economic Zones Implementation：Briefing to Portfolio Committee on Trade and Industry", https：//www. thedti. gov. za/parliament/2016/SEZ_ Programme_ Implementation. pdf.

④ DTI, *Industrial Policy Action Plan*（*IPAP*）2012/13 - 2014/15, Pretoria：Department of Trade and Industry, 2010.

⑤ DTI, "Special Economic Zone" and "Special Economic Zone Fact Sheet 2019", https：// www. thedti. gov. za/industrial_ development/sez. jsp.

个地区，这进一步表明新南非政府对利用园区解决区域发展不平衡问题这一策略寄予厚望。然而，内尔和罗杰森认为，在进行实践推演时，必须考虑到一些结构性缺陷问题，包括劳工的技能水平低、区域基础设施差以及经济联系和发展潜力薄弱。[1] 例如，亚特兰蒂斯园区所属城镇是 20 世纪 70 年代由南非种族隔离时期政府在开普敦附近为有色人种建立的，虽然该城镇是一个工业中心，但自 20 世纪 80 年代以来其制造业活动大幅减少。[2] 园区设立的目的就是重振经济、解决高失业率问题，但如果在一个已经失去活力的、以往白人政府为隔离人种建立的且毫无经济活力的地区通过行政干预设立一个园区，这种做法是否可行依然值得深究。

新时期南非园区建设的空间经济特点是首批 4 个经济特区——库哈、东伦敦、理查兹湾和奥坦博进行评估开发和选址，优先考虑了沿海港口和交通枢纽城市，而后续开发和待开发的其他园区选址则大多和南非最为贫困的区域以及黑人家园区域重叠。相较世界其他园区，南非园区背负着多重使命：缓解和消除贫困与不平等、促进经济发展、刺激就业、提升进出口效率、完善区域基础设施建设等；而共性则体现在南非园区被打上吸引国内外投资、建设更多的工业枢纽、提高战略性工业能力、增加直接投资存量、促进经济增长、增加出口附加值、创造就业机会和区域多样化等带有明显园区属性的期望标签。

总体而言，由于工业开发区项目没能达到预期目标，自 2012 年新南非政府启动经济特区项目以来，各界一直处于观望状态。根据目前园区的进展情况和园区激励措施的设计理念，可以看出，制定园区战略是为了推动工业化和解决区域经济发展不平衡问题，同时对园区助力解决空间不平等问题寄予厚望。贸工部确定了南非园区发展的四个

---

① Nel, E., Rogerson, C. M., "Re-Spatializing Development: Reflections from South Africa's Recent Re-Engagement with Planning for Special Economic Zones", *Urbani izziv*, Vol. 25, 2014.

② Venables, A. J., Kanbur, R., *Spatial Inequality and Development*, *Overview of the UNU-WIDER Project*, New York: Oxford University Press, 2005.

关键指标，即区域划定、投资、出口和就业①，以促进设立南非园区的系统和战略规划框架。但南非园区仍然面临一系列挑战，使其难以有效发挥其制定的机制作用来促进经济发展。

第四节　南非园区发展面临的挑战

经历过工业开发区的表现不尽如人意，而同期世界上其他国家的园区经济蓬勃发展，新南非政府意识到园区转型的重要性，但是在转型过程中，能否吸收工业开发区的失败经验，并从中制定合理的发展策略，以及世界范围内园区经济的快速发展大环境下抢占非洲园区领头羊的地位，是新南非政府和园区运营方要慎重考虑的问题。结合在南非长达两年的实地调研和以往对不同国家园区研究的经验，笔者尝试列出新南非政府在现阶段园区发展中所面临的挑战和急需解决的问题，以供参考。

一　园区过度依赖政府拨款

纵观世界各地发展体系较为成熟的园区商业模式可以发现，政府并不会直接参与园区的各项事务，而是聘请有丰富园区管理和运营经验的高资质企业来主导园区的管理。园区经营者通过出租土地和设施，例如仓库和产品测试线，甚至安保和维护等服务赚取利润。中国就有一批企业专注于不同类型园区的开发和管理，比如泰达、启迪和华夏幸福等。这背后隐藏的经济学原理是，园区运营者不是一味地协助政府，而是直面市场。园区运营者可定期行使一些政府职能，比如土地使用定价和对园区生产安全进行监管等，这能极大提升园区管理的灵活性和便利性。

----

① DTI, *Special Economic Zones Implementation*: *Briefing to Portfolio Committee on Trade and Industry*, The Department of Trade and Industry, 2016.

反观南非，所有现存的园区项目都由政府主导，包括前期的规划、开发和中后期的运营。政府在前期投入大量资金建设园区，以满足进一步业务开展的需要，包括土地开发、基础设施建设、市场营销战略等。如果政府在园区的整个发展路径中，一味用行政手段主导，可能会导致园区对政府资金的过度依赖，使其丧失实现可盈利化的动力。现阶段，除库哈园区财务状况稍微有所缓解外，所有南非的园区仍然严重依赖财政支持。① 此外，税收优惠也可能对政府的周期内财政收入产生负面影响。

二　结构性缺陷挫败投资热情

根深蒂固的结构性缺陷是南非园区经济发展面临的另一阻碍。这种结构性缺陷表现在民生设施上的缺失和滞后，以及在意识形态领域的瞻前性不足。前文提及，现有和拟定的园区中有 10 个位于黑人家园和 23 个最贫困的地区或其附近。这些地区的特点是基础设施落后、技术能力不足、市场距离遥远以及经济联系薄弱。② 这些问题与《2019 年全球竞争力报告》对南非的分析是基本一致的，该报告指出适当的公用基础设施缺乏、高质量劳工缺乏和信息通信普及度较低，是南非在各个维度的竞争力与世界其他国家相比，较为薄弱的几项。③

配套的基础设施和足够的娴熟劳工是园区设立和发展的基本前提。如果没有足够的可预见的盈利，园区企业不可能出资建设生产经营所需的基

① DTI, 2015/16 *SEZ Performance Analysis Bulletin*, The Department of Trade and Industry, 2016; DTI, *Special Economic Zones Implementation: Briefing to Portfolio Committee on Trade and Industry*, The Department of Trade and Industry, 2016.

② Allix, M., *Speical Economic Zones: Proof of pudding*, Financial Mail, South Africa; Times Media (Pty), 2015; Nel, E. L., Rogerson, C. M., "Re-Spatializing development: Reflections from South Africa's recent re-engagement with planning for Special Economic Zones", *Urbani izziv*, Vol. 25, 2014; Farole, T., Sharp, M., *Spatial Industrial Policy*, Special Economic Zones and Cities in South Africa, National Treasury, 2017.

③ Schwab, K., Sala-I-Martin, X., *The Global Competitiveness Report* 2015 – 2016, World Economic Forum: Geneva, 2016.

础设施，这些基础设施在很多国家是政府或者园区经营者在企业入驻之前就准备好的。比如在中国，其园区基础设施要求从最初的"三通一平"到"五通一平"，再到现在的"九通一平"，极大地保障了入驻企业的经济活动能够顺利平稳地开展。而在高素质劳工技能储备方面，如果入驻企业还需要重新培养一批当地劳工来进行生产，那么前期的巨大投入可能会挫败其投资热情。

为了应对这一问题，新南非政府于 2012 年启动了国家基础设施计划，该计划的目标是建设新的并升级的基础设施，包括医疗、学校、供水系统和卫生设施以及国家电网，同时还投资建设港口、公路和铁路。[①] 国家基础设施计划整合确定了 18 个战略性综合项目，包含七大类基础设施，即地理、空间、能源、社会基础设施、知识、区域一体化以及水和环境卫生。[②] 数据显示，从 1998—1999 年度到 2014 —2015 年度，南非公共部门在基础设施建设、发展和升级方面的支出超过 2.2 万亿兰特。[③] 但是，南非这一计划的推进并不顺畅，阻碍其实施的问题包括机构规划不当、项目审批缓慢和中止以及项目推迟启动等。[④]

三　园区核心优势的塑造

一个富有争议问题是，园区到底应该有多"特别"，才能获得投资者青睐，走上园区经济可持续发展之路。不仅新南非政府和其园区发展主导部门——贸工部，全世界所有园区运营商和政府都应认真思

---

① South African Government, op. cit.

② Presidential Infrastructure Coordinating Commission, "A Summary of the South African National Infrastructure Plan", https: //www. gov. za/sites/default/files/PICC _ Final. pdf; Development Bank of Southern Africa and the Presidency, *The State of South Africa's Economic Infrastructure: Opportunities and Challenges* 2012, 2012.

③ National Treasury, "Public-sector infrastructure update 2016", http: //www. treasury. gov. za/documents/national%20budget/2016/review/Annexure%20b. pdf.

④ Presidential Infrastructure Coordinating Commission, "A Summary of the South African National Infrastructure Plan", https: //www. gov. za/sites/default/files/PICC _ Final. pdf; Development Bank of Southern Africa and the Presidency, The State of South Africa's Economic Infrastructure: Opportunities and challenges 2012, South Africa: Development Bank of Southern Africa, 2012.

考这个问题。在全球化背景下，如何明晰园区定位和其核心竞争力，突出比较优势和建立竞争壁垒，都体现在如何在目前全世界超过3000个园区中凸显园区的"独特性"吸引潜在投资者。目前南非园区设计机制的相对优势并不明显。例如，在海关监管区域，企业获得15%的企业所得税税率，并且能够获得"一流"的基础设施。① 如果仅仅在南非国内看，这种减税或者免税的做法很诱人；然而，大部分国家的园区为了吸引投资者和潜力企业，都会采取类似的激励政策，并且提供更优越的基础设施和配套服务。仅在非洲范围内，南非与埃及、摩洛哥、尼日利亚和埃塞俄比亚等国家的园区相比，其激励措施也并不具有相当的比较优势。从表4-6可以看出，所有的国家都有针对园区入驻企业的税收激励。南非、埃及、摩洛哥和尼日利亚都可以为投资特定行业的企业提供各种税收优惠和政府机构的现金补贴。但是，

表4-6　　　　　　　部分非洲国家园区激励措施比较

国家	税收激励	现金补助	预先审批要求	经济特区/出口自由区	企业所得税税率（%）	减免的企业所得税税率（经济特区/自由贸易区）（%）	就业创造需求	培训激励
南非	有	有	有	有	28	15	有	有
埃及	有	有	无	无	22.5	—	无	无
摩洛哥	有	有	有	有	31	税收限免期	无	有
尼日利亚	有	有	有	有	30	0	有	有
埃塞俄比亚	有	无	有	有	30	税收限免期	无	无

注："—"表示未统计。

资料来源：KPMG, "Africa Incentive Survey 2018", https://home.kpmg/content/dam/kpmg/za/pdf/2018/November/Africa_ Incentive_ Survey_ 2017_ 2018_ 2nd%20Edition. pdf。

① Allix, M., *Speical Economic Zones：Proof of Pudding*, Financial Mail, South Africa；Times Media（Pty），2015.

南非、尼日利亚、博茨瓦纳和塞拉利昂是非洲拥有园区项目的 37 个国家中，需要园区入驻企业提供额外的就业机会和技能培训的国家。[1]

如表 4 - 6 所示，通过对比毕马威（KPMG）2018 年的《非洲激励调研》报告数据分析可以发现，南非园区激励的各项指标在非洲地区并不占有绝对优势，其激励政策相比世界上大部分园区也可谓大同小异。投资者如何快速判别南非园区的"独特性"，成为南非园区需要深思的问题。

四　园区选址的科学性

最后一个挑战是南非拟建的园区并非都与主要交通节点相连或相近。这一问题凸显了政府在推动园区项目时面临的两难境地。园区内外的基础设施和配套服务是影响投资者决策的两个关键因素。新南非政府希望利用园区开发较贫困地区，但这些地区对潜在投资者不具备足够吸引力。

南非园区规划初期，主要着眼于筹备和实地考察园区项目，因而并无实体项目落地。2000 年，新南非政府开始引入其他国家大力推行的园区模式，并先后在国际交通中心、枢纽港口或邻近地区建立了第一批共计四个工业开发区：库哈、东伦敦、理查兹湾和奥坦博，之后的十年再无新的园区建立。直到 2013 年，新南非政府在西开普省设立萨尔达尼亚湾经济特区，2014 年于夸祖鲁 - 纳塔尔省设立杜贝贸易港经济特区。这些园区的建立主要是服务于出口制造业，鼓励出口行业和吸引外商直接投资。[2]

---

[1]　KPMG，"Africa Incentive Survey 2018"，https：//home. kpmg/content/dam/kpmg/za/pdf/2018/November/Africa_ Incentive_ Survey_ 2017_ 2018_ 2nd%20Edition. pdf.

[2]　Centre for Development and Enterprise，"Special Economic Zones：Lessons for South Africa from International Evidence and Local Experience"，paper presented to the CDE Round Table Johannesburg，19，June，2012；DTI，*2014/15 SEZ Performance Analysis Bulletin*，Pretoria：The Department of Trade and Industry，2015；DTI，*South African Special Economic and Industrial Development Zones*，Pretoria：The Department of Trade and Industry，2016；Jourdan，P.，"Spatial development initiatives（SDIs）-the official view"，*Development Southern Africa*，Vol. 15，No. 5，1998.

前文提及，新南非政府成立以来，一直致力于解决种族和解，社会、地区和经济不平等深层次问题。政府已经认识到应该采取各种机制——尤其是空间干预来缓解空间不平等现象。因此，园区在此背景下所承载的功能更加多样化，且受种族因素影响。除了早期的园区选址在交通枢纽或其附近外，南非园区后续的选址更像是先侧重于缓解历史遗留问题，再发展区域经济。因此，新南非政府需要回答一个问题——园区的选址的侧重是什么：是为了让园区入驻企业能使用周边已然成型配套的设施和服务，还是等待园区企业和政府一起开发园区配套设施来普惠周围人民？

园区被视为吸引外国投资、促进出口导向型增长和创造就业的关键政策工具。① 世界上很多国家都推行了园区战略，但园区项目在发展中国家的应用更为广泛。对发达国家来说，园区是经济发展的动力和助力国际贸易的工具；而对于发展中国家来说，园区既是政策孵化器，也是基础设施建设的理论地基。②

新南非政府和人民对于园区战略寄予厚望并赋予了园区多重职能：创造就业机会、减少空间不平等、刺激区域经济增长、吸引国外和国内投资、提升战略性工业能力等。这些目标大多与其他国家园区目标相同，但南非强调使用园区来解决（或帮助解决）空间不平等问题。南非历史遗留的独特和复杂的社会与结构问题，给新南非政府带来了空前挑战。然而，解决空间不平等可能不符合经济增长目标，因为欠发达地区的经济联系有限，当地供应链薄弱、基础设施和技能不足，所以将经济特区设在欠发达地区可能会限制它们的表现，达不到既定的期望值。③

新南非政府既需要吸取过往工业开发区发展的失败经验，也需要从

---

① Farole, T., *Special Economic Zones in Africa：Comparing Performance and Learning from Global Experiences*, Washington D. C.：World Bank Group, 2011.

② Cater, C., Harding, A., *Special Economic Zones in Asian Market Economics*, U. S. A. and Canada：Routledge, 2011.

③ Farole, T., Sharp, M., *Spatial Industrial Policy*, *Special Economic Zones and Cities in South Africa*, National Treasury, 2017.

其他国家的园区发展史中吸取更多养分。通过深入了解不同国情下园区的发展，新南非政府可以通过有效运用园区战略来改变经济发展不平衡的现状。

第五节　本章小结

在本章，笔者结合南非区域不平等和空间干预的历史，概述了南非园区的发展进程，并分析了其面临的挑战。新南非政府希望通过园区政策不仅仅实现传统经济目标——吸引国内外投资、促进工业化和增加就业机会，还希望通过园区项目这一空间干预措施来解决空间不平等问题。对经济特区更高的希冀致使决策者面临一个两难问题：他们必须决定，经济特区是应该帮助建立强大的集群，与已经显示出潜力的成熟工业区建立联系，还是在不发达地区充当增长极。

政策干预，例如划分班图斯坦地区，极大加剧了社会和地区的不平等。这些黑人家园的地理位置覆盖了南非最不发达的区域，成为新南非政府最难处理的遗留问题，同时与这些问题伴生的经济发展不平衡，对新南非政府而言也是一大考验。为了改变原有的经济模式，实现更好发展，新南非政府采取了一系列政策干预措施，使农村地区与黑人家园在地理位置上重叠。这些项目和方案包括 1995 年的空间开发项目、2000 年的工业开发区、2006 年的国家空间发展展望计划、2012年的国家基础设施计划和经济特区。这些不同政策干预的共同目标是解决根深蒂固的社会、空间和经济不平等问题。

在南非启动的第一个区域项目——工业开发区的表现没有达到预期。虽然一些亚洲国家，如中国、新加坡和泰国已经从园区发展中受益，而包括肯尼亚、毛里求斯和加纳在内的许多非洲国家也启动了类似的园区项目。要比其他非洲国家的园区具有更强的比较优势，南非必须重新审视并评估其园区项目的有效性和可持续性。

南非新建立的园区有以下特点，一是遍布南非全国，保证每个省至少有一个园区；二是政府鼓励中小型企业参与园区的建立、发展和运营；三是设立园区的目的之一是通过创造更多的就业机会，协助减少空间不平等。截至 2019 年，南非境内已有 10 个经济特区和 3 个拟定的园区。新南非政府为这些经济区提供税收优惠，但这些优惠必须以国际竞争对手的税收优惠为基准。

笔者同样分析了南非园区在发展和运营方面面临的一些挑战和问题。首先，园区可能难以在财政上自给自足。新南非政府在园区的设立和运营上已投入了大量资金，但园区发展仍处于初级阶段，这意味着园区仍然非常依赖政府的财政支持。其次，政府被迫投资改善不足的基础设施，因为园区内外的基础设施和配套服务是影响投资者决策的两个关键因素。然而，除集中精力建设园区外，政府还需投资园区以外的配套基础设施，这是一个巨大的财政负担。政府和园区运营商面临着一个艰难的没有完全正确答案的问题：是培养和雇用本地受过教育或熟练的专业工人，利用完善的基础设施，还是等待园区的税收收入为教育、基础设施和其他配套服务等提供资金支持。再次，新南非政府必须仔细评估园区的"特殊性"，因为其他国家类似或更好的激励措施可能会使南非的园区对海外投资者没有吸引力。最后，政府需要确定园区战略是否能够同时帮助实现多个目标，如创造就业机会和减少空间不平等，后一个目标似乎与其他目标不相容。因为国际经验普遍表明，欠发达地区的园区在减少空间不平等方面一般都表现平平。

第五章

库哈经济特区案例研究

本章通过案例研究对南非发展最早、规模最大且发展相对较为成功的园区——库哈经济特区的主要优势和面临问题进行分析。通过文献分析，笔者发现针对库哈经济特区的研究较少，研究焦点各异，且没有和多边市场或产城融合等园区发展相对创新的理论体系有所结合。基于此，分析库哈发展的利弊后，笔者尝试在多边市场理论框架下定义园区发展建设的三个主要参与者——政府、园区及园区管理方（库哈发展公司）并分析其参与状况，进而明确问题的归属，为解决这些问题提供可参考的思路。

第一节　库哈经济特区概况

库哈经济特区由库哈发展公司（Coega Development Corporation，CDC）运营和管理。库哈经济特区占地 9003 公顷，其中 5650 公顷的基础设施较为完善，可供出租。园区位于南非东南部，离东开普省的伊丽莎白港（Port Elizabeth）东部 20 公里处，毗邻尼奎拉（Ngqura）深水港。[1][2] 库哈发展公司由贸工部全资拥有，并分别获得贸工部 36

---

① 伊丽莎白港和尼奎拉深水港都是纳尔逊·曼德拉湾市（Nelson Mandela Bay Municipality）的一部分。2001 年，伊丽莎白港市（the City of Port Elizabeth）与相邻城镇 Uitenhage、Despatch 以及一部分周边农村地区合并成为一个新的城市行政区划，被命名为纳尔逊·曼德拉湾市。

② Coega Development Corporation（CDC），"Coega In Numbers：2019"，http：//www.coega.co.za/CoegaFastFacts.aspx？objID=111.

亿兰特和东开普省 11 亿兰特的资金支持。[①] 东开普省政府拥有库哈发展公司部分股份，并通过东开普发展公司参与管理。[②]

一　园区管委会：库哈发展公司

库哈发展公司为南非国有企业，其总部设在纳尔逊·曼德拉湾市，现有员工 415 人。[③] 该公司的目标是赋能库哈经济特区，强化投资潜力，进而促进其所在的东开普省和其他区域的社会经济发展。

新南非政府于 1997 年对库哈工业区所在区域及园区项目可行性进行调研，确定了该项目的重要价值，并于 1999 年成立了库哈发展公司。2001 年 12 月，库哈发展公司被指定为南非首家专职运营园区发展的机构。2002 年，园区开始建设配套的基础设施。2003—2005 年，园区内的相关功能模块相继竣工，如商务中心、员工宿舍和会议中心等。2007—2010 年，园区和多家企业签约，尼奎拉深水港的第一个码头竣工并开始试用。[④] 2008 年，库哈发展公司将其产品体系转型，并主要专注于三个领域：库哈工业区管理和运营、商业服务管理以及项目管理和咨询服务，其中园区的开发和运营属于其核心战略。库哈发展公司相当于库哈工业区的管委会，对园区的各类事项和整体发展负责。[⑤] 2012 年，新南非政府对南非各园区进行评估，并决定把工业开发区转型为经济特区，库哈工业开发区（Coega IDZ）改名为库哈经济特区（Coega SEZ）。

如图 5 - 1 所示，有两套行政体系参与库哈发展公司及其园区的

---

① BRICS Business Council, *Investment Guide of the BRICS Countries*, 2017.

② Coega Development Corporation（CDC）, *Integrated Annual Report 2018/2019*, 2019.

③ Coega Development Corporation （CDC）, "Coega In Numbers：2019", http：// www. coega. co. za/CoegaFastFacts. aspx? objID = 111.

④ Coega Development Corporation （CDC）, "Coega Development Corporation：2020", https：// www. coega. co. za/Content2. aspx? objID = 84.

⑤ Coega Development Corporation （CDC）, "Investor Portfolio：2019", http：// www. coega. co. za/ CoegaFastFacts. aspx? objID = 111.

运作，一是东开普省政府及其下属的经济发展、环境事务和旅游部，
是由贸工部以及纳尔逊·曼德拉湾市政府。

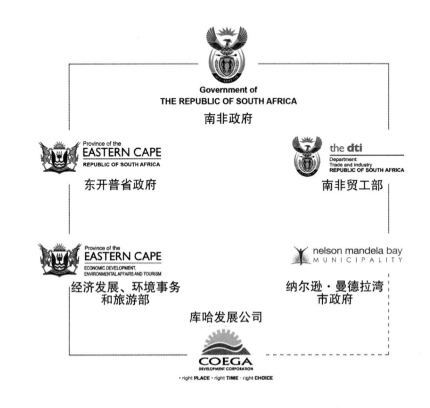

图 5 - 1　库哈发展公司和库哈经济特区的所有权及管理架构

资料来源：Coega Development Corporation（CDC），Coega Development Corporation：2020，［On-
line］. Available：http：//www. coega. co. za/Content. aspx？ objID = 75［Accessed 3. 21 2020］。

二　库哈经济特区产业分布

库哈工业开发区于 1999 年成立，是南非目前最大的园区。2012
年新南非政府启动经济特区项目后，改名为库哈经济特区。库哈经济
特区是按集群理念设置的园区，旨在把核心产业和其供应链紧密镶嵌
在一起，创造经济价值，刺激区域经济发展。

如图 5 - 2 所示，库哈经济特区由 14 个区域外加 1 个物流园组成，园

区内有道路连接，物流体系包括公路、铁路、航空和海运。库哈经济特区的产业重点聚焦于金属冶金、汽车制造、业务流程外包（Business Process Outsourcing，BPO）、化工、农产品加工、物流、能源和海产养殖。

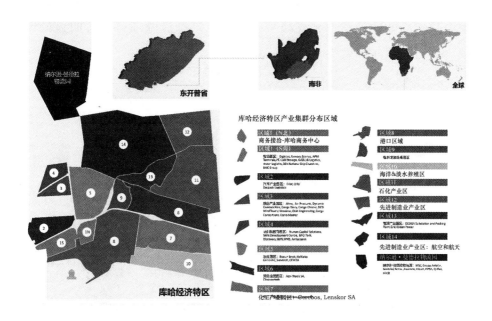

图 5 − 2　库哈经济特区区位和产业集群分布区域

资料来源：Coega Development Corporation（CDC），Integrated Annual Report 2018/2019，2019。

三　库哈经济特区运营状况

库哈经济特区官网数据显示，自 1999 年建立以来，库哈经济特区创造了 120990 个就业岗位，为超过 10 万人提供了就业技能培训。[1]2018—2019 年，库哈经济特区共有投资企业 45 家，投资总额为95.300 亿兰特。此外，预计新增投资企业 18 家，预计承诺投资额度可达 20.600 亿兰特。同一财年，园区新增 8016 个建筑工作岗位，并

---

① Coega Development Corporation（CDC），"Coega In Numbers：2019"，http：//www. coega. co. za/CoegaFastFacts. aspx？objID = 111.

对 7406 名人员进行了职业培训。园区同财政年的营收为 5.238 亿兰特,来源包括园区和库哈发展公司旗下的其他并行运营项目。从图 5-3 可知,建筑工作岗位、累计操作作业岗位两项实际数据和预期指标有所差距;中小微企业采购支出为 33%,略低于计划的 35%,原因是新南非政府整体开支减少,尤其在基础设施项目上有明显的缩减。其他五项实际数字均持平或超过预期。①

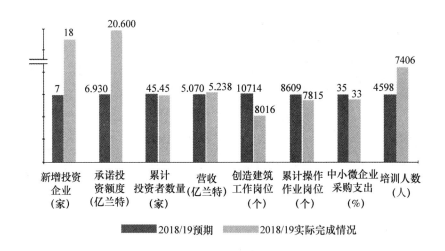

图 5-3 库哈经济特区 2018—2019 年度业绩和指标对比

资料来源:Coega Development Corporation (CDC), *Integrated Annual Report* 2018/2019, 2019。

如图 5-4 所示,2018—2019 财年是库哈经济特区制定的 2015—2020 财年五年战略计划的第四年。相较于五年计划,2018—2019 财年所完成的主要业绩指标超过 138.6%。原定五年目标的预计承诺投资额度为 94.13 亿兰特,实际承诺投资总额为 421.30 亿兰特,超额完成了 448% 的预期投资承诺。② 该项指标显著的主要原因是库哈和

① Coega Development Corporation (CDC), *Integrated Annual Report* 2018/2019, 2019.
② Coega Development Corporation (CDC), *Integrated Annual Report* 2018/2019, 2019.

一些大规模的跨国企业达成了合作意向，比如北京汽车投资公司（BAIC）对库哈经济特区高达 110 亿兰特的巨额投资计划。①

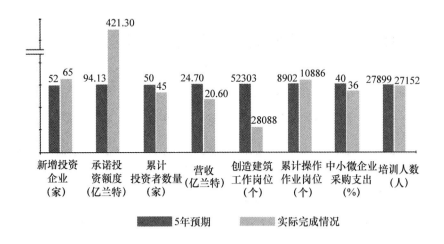

图 5 - 4　库哈经济特区 2018—2019 年度业绩和五年整体指标对比

资料来源：Coega Development Corporation（CDC），*Integrated Annual Report* 2018/2019，2019。

在累计投资者数量、营收、中小微企业采购支出和培训人数四项指标中，2018—2019 年度实际完成分别是 90%、83%、90% 和 97%，进展速度较为显著。但创造建筑工作岗位这一指标，完成度和预期还有较大差距，仅有 54%，实际创造了 28088 个就业岗位。②

总体来说，相较于转型成经济特区的前几年，随着库哈发展公司对园区运营和管理经验的增加，南非各级政府和相关部门的积极扶持，招商引资力度的加大，2018—2019 年库哈经济特区整体表现有明显的提升。但是，从库哈发展公司公布的年报数据来看，2019 年是五年计划的倒数第二年，但库哈经济特区目前在就业增长维度，只完成

① 张威威：《出海记丨北汽建南非 40 年来首家新车厂　首款整车下线》，http://www.cankaoxiaoxi.com/finance/20180727/2299684.shtml。

② Coega Development Corporation（CDC），*Integrated Annual Report* 2018/2019，2019.

了五年计划的一半；而对于新南非政府来说，大力发展园区经济的一个重要目的就是解决就业率过低问题。因此，库哈经济特区仍面临巨大挑战。

第二节　关于库哈经济特区的现有研究聚焦

通过对库哈经济特区现有研究的梳理，笔者发现针对该园区的研究数量有限，且时间跨度较广，2003—2019 年与库哈经济特区有直接关系的文献共 7 篇，其中 6 篇为学术论文，1 篇为库哈经济特区管委会提供的内部报告。这些文献涉及的学科包括管理学、经济学、公共管理和人类学，所使用的研究方法有案例研究、实证分析、三角校正法和田野调查，主要从库哈经济特区的发展问题、政策建议、民生生活、企业责任等切入。为了更好地以这些研究者的视角来分析库哈经济特区的发展脉络，本书将这些研究按时间顺序进行梳理。

一　库哈经济特区相关研究回顾

路易斯（Luiz）在其 2003 年的研究中，从公共管理的角度对南非区域发展问题给出了政策建议。他指出，南非在区域发展问题上，总是受到意识形态和政治影响的牵绊，而不是从经济层面进行考量。他对大鱼河空间发展项目（Fish River SDI①）进行了评估，该项目是南非空间发展整体战略中的重要组成部分。项目分为三个阶段：第一阶段为启动阶段，时间为 1997 年；第二阶段明确了需要优先发展的库哈经济特区和东伦敦工业开发区及其周围的经济，时间为 1998 年；第三阶段则是其后的实施阶段。作者通过对三个阶段的跟踪研究，发现在项目落地即实施阶段，项目的进展一直较为缓慢，其中一个重要

① 鱼河全名为大鱼河（Great Fish River），流经东开普省，长约 644 千米。为与纳米比亚的鱼河（River Fish）区别，故称"大鱼河"。

原因是各层级政府及相关部门缺乏清晰的发展共识，政客和技术专家之间的关系紧张。作者建议政府在制定区域发展政策时，应切实考虑把宏观经济要素和部门政策结合，并合理利用政府资金。如果新南非政府执意把发展焦点放在可持续发展能力不高、生存能力较差的发展项目上，可能会重蹈前政府错误实施空间干预政策的覆辙。作者当时对库哈经济特区项目持怀疑态度。第一，园区项目的规划决策隶属于不同政府机构，责任边界不明晰，各级政府和机构互补协助效率低下，导致该项目推迟；第二，投资者认为政府各部门职责不明晰，需要和不同部门进行多重联系，而不是简单的一站式注册流程；第三，库哈工业开发区的发展潜力不高，包括交通基础设施和就业岗位有限等。①

2003 年，库哈工业开发区建立初期，劳勒（Lawler）依据彼时库哈工业开发区的基本情况，结合世界范围内的经验，在其论文中尝试评估南非的工业开发区项目能否真正刺激经济增长，并讨论了如何最大限度地发挥工业开发区的功能，提升国民经济效益。研究得出两个重要结论，一是工业开发区的工业本土化和供给侧特性将为出口导向型经济的集中增长创造条件；二是应该邀请具有园区运营丰富经验和专业知识的私营机构来对园区进行管理，以便优化园区的服务和运作。作者同时就运营企业的选择给出了建议。此外，作者认为库哈工业开发区能通过提供世界级且专业的基础设施，来吸引外国直接投资并提升南非竞争力；但作者同样指出如果南非不能在园区和附近提供基础设施和交通物流网络来作为园区硬件的话，这个项目则是纸上谈兵。②

埃瑟林顿（Etherington）2014 年通过对库哈工业开发区的案例研

---

① Luiz, J. M., "The Relevance, Practicality and Viability of Spatial Development Initiatives: A South African Case Study", Vol. 23, No. 5, 2003.

② Lawler, B., *The South African Government's Initiative to Optimise the Economy Through the Industrial Development Zones*; University of Natal, Durban, 2003.

究，指出建立库哈的主要目的是为所在区域创造更多就业机会。库哈工业开发区有专门的技能培训部门采用各种方案和项目对当地的居民进行就业培训。通过培训地方政府和库哈工业开发区内外企业所需的职业技能，让受培训者在就业选择中，身兼一技之长，达到授人以渔的目的。①

同时他发现，虽然从数据上来看，库哈工业开发区在就业岗位创造上呈现增长趋势，但是有相当比例为临时建筑岗位，这将会对解决区域失业问题产生不利影响。作者提议库哈工业开发区应着眼于在其园区范围内持续创造更多的长期或操作作业岗位，而不是短期或临时的建筑作业岗位，这样对区域经济会有持续性积极影响。作者认为，总体来说，库哈工业开发区在创造就业和提升技能方面做出的贡献是有目共睹的，且符合新南非政府制定的通过园区经济刺激区域发展和降级失业率的目标。②

DeMoss-Norman 的研究从人类学的视野展开，探讨了个人从城郊非正规住区搬迁到新的住房开发社区后所面临的困境。1999 年，库哈发展公司和伊丽莎白港政府因要修建库哈工业开发区，需对 300户居民实施搬迁计划，该计划名为威尔斯庄园项目。基于此背景，作者发现一些居民在搬入新居后丧失了社区归属感、开放感和社会信任感，据此进一步分析了安置工程如何影响从非正规住区搬迁的人的社会凝聚力、信任和社区参与。同时，文章对库哈发展公司和伊丽莎白港政府的安置措施做出解读。双方为搬迁到威尔斯庄园的居民提供打包式安置方案，除初期援助和住房外，还包括为每个家庭提供至少一名成员一年的就业技能培训，为库哈工业开发区的项

---

① Etherington, L. , "The Impact of Industrial Development Zones on Employment In South Africa: A Coega IDZ Case Study", https: //www. academia. edu/8683972/the_ impact_ of_ industrialL_ development_ zones_ on_ employment_ in_ south_ africa_ a_ coega_ idz_ case_ study.

② Etherington, L. , "The Impact of Industrial Development Zones on Employment In South Africa: A Coega IDZ Case Study", https: //www. academia. edu/8683972/the_ impact_ of_ industrialL_ development_ zones_ on_ employment_ in_ south_ africa_ a_ coega_ idz_ case_ study.

目做准备；为每个家庭提供一个在库哈工业开发区的就业岗位；以及每户再获得额外 3000 兰特的安家费用。该研究除从迁徙居民的视角出发进行讨论外，还对企业社会责任以及政府行为做出解读，指出在迁入区域应镶嵌更多的公共基础设施，并为居民创造更多获得持续收入的就业机会。[①]

麦芬咨询机构 2016 年的报告，详细分析了库哈经济特区与园区外的当地产业融合状况及对就业创造的影响。该报告评估了库哈经济特区和纳尔逊·曼德拉湾物流园自成立以后对当地和所在东开普省的影响，旨在帮助库哈发展公司和南非各级相关政府深入了解库哈经济特区对区域经济乃至东开普省的影响。该报告由库哈发展公司委托麦芬咨询机构完成。该报告主要采用了三角校正法，通过数据收集、访谈调查、文献分析和回归统计等方法，提炼出对库哈经济特区发展有重要参考意义的建议。报告中和投资者相关调查分析共分为四大类：经济影响、政府支持、与本地企业联系和园区支持。[②]

在经济影响上，2016 年 15 家反馈企业中有 9 家创造了超过 100个全职工作岗位。2014—2015 年，13 家反馈企业中有 9 家平均创造了 1—25 个兼职岗位，1 家企业雇用了 26—50 名兼职员工，2 家企业除全职员工外还雇用了超过 100 名兼职员工。该报告认为，基于南非大多数失业者为青壮年，这些兼职机会能有效缓解持续失业现象。但 Lawler 在其研究中指出，库哈工业开发区应该创造更多的长期或操作作业岗位刺激区域经济的增长。[③]

在与本地企业联系上，该报告显示园区企业每年花费数十亿兰特

---

①　Demoss-Norman, T., "From Informal Settlements to Formality: A Resettlement Group's Adaptation to a Newly Planned Community in Port Elizabeth", *South Africa*, Vol. 2, No. 1, 2015.

②　咨询调查发起时间为 2016 年 4—5 月，反馈率为 50%。受访企业有 60% 在库哈经济特区，其余 40% 在隶属库哈经济特区的纳尔逊·曼德拉湾物流园。

③　Etherington, L., "The Impact of Industrial Development Zones on Employment In South Africa: A Coega IDZ Case Study", https: //www. academia. edu/8683972/the_ impact_ of_ industrialL_ development_ zones_ on_ employment_ in_ south_ africa_ a_ coega_ idz_ case_ study.

从当地供应商采购各类商品和服务，所有反馈对象都确认他们有当地供应商。有过半企业表示其和生产有关的商品采购中，78％的支出都花费在纳尔逊·曼德拉湾市和东开普省。这些支出包括原材料、电信设备、化学药品、各类支持服务以及物流等。[①]

在政府支持上，47％的投资者受到政府行动的积极影响，主要体现在直接沟通、贸工部的激励措施、南非工业发展公司（Industrial Development Corporation，IDC）的资金提供，以及经济发展部（the Department of Economic Development，DED）为降低原材料成本而引入废金属价格参考体系。而1/4的受访者认为产生了负面影响，主要来自缴纳清关关税、由于新南非政府问题带来的货币贬值和不利的政治环境影响了营商信心。此外，中国和欧洲的园区企业相关人员对新南非政府领导层的廉洁程度有所担忧。值得一提的是，64％的投资者认为政府的奖励措施或工业化方案，在影响它们决定在园区内搭建设施方面，没有任何作用。其余36％的受访者则认为它们确实发挥了作用，这些大多数是汽车行业相关企业。[②]

在园区支持上，关于入驻库哈经济特区的主要优势考量反馈中，38名受访者中，93％认为库哈经济特区和其配套物流园选址理想；但也有受访者表示，库哈经济特区并不是南非唯一的可入住园区选项。在被问及选择入驻库哈经济特区的理由时，26位受访者中有50％的人认为临近港口是其入驻库哈经济特区的主要原因。而有64％的受访者认为入驻库哈经济特区和物流园的缺点也很明显，比如员工缺乏可靠的公交设施、企业采购设备选择有限、离伊丽莎白港过远、缺乏显著激励机制、缺乏用电费用补贴、办公空间有限、缺乏灵活性、高租赁费用和高公共设施费用以及缺少从出租方降低成本的机会

---

① Sithebe, N., Rustomjee, Z., *Coega's Integration with the Local Industries outside of its Zones and Impact on Employment Creation*, 2016.

② Sithebe, N., Rustomjee, Z., *Coega's Integration with the Local Industries outside of its Zones and Impact on Employment Creation*, 2016.

等。但总体来说，92%的被调查者对库哈经济特区的未来前景持高度信心。[①]

报告中和家庭背景相关的调查和分析共三类：人口统计、创造体面工作和生活质量。人口统计数据显示，库哈经济特区的女性劳工占44%。园区18—45岁的人口占就业人口的68%，就业者中大多数是非洲黑人，占42%；其次是有色人种，占31%；白人占25%，亚洲人占2%。约53%的受访者已婚，25%为单身，10%为离婚，5%为同居。[②] 约56%的员工拥有房产，31%的人租房，其他人既无房也不租房。

在创造体面工作上，91%的受访者认为所做工作有益；另有75%的受访者觉得工作更为投入，相较以往使用了更多技能。约80%的受访者认为，他们执行的工作任务种类有所增加，69%的受访者认为责任感有所加强。在就业保障方面，72%的受访者觉得其工作有保障，19%不确定，9%觉得没有保障。受访人群对目前工作的满意度普遍较高，69%的受访者表示对工作满意，7%为不满意，24%为不确定。[③]

在生活质量上，36%的家庭年收入超35万兰特，19%收入为20万—35万兰特，13%收入低于6万兰特；另有9%收入为10万—15万兰特，以及9%为15万—20万兰特。[④] 在处理债务程度方面，32%的家庭表示能偿还账单，44%能承担但会有些吃力，11%非常吃力，13%无力偿还。超过54%的受访者在过去12个月里需借钱来满足日常开销。超47%的受访者主要从家人那里借钱，25%从银行借钱，

---

① Sithebe, N., Rustomjee, Z., *Coega's Integration with the Local Industries outside of its Zones and Impact on Employment Creation*, 2016.

② 数据合计不足100%原因是部分数据属于无效数据或拒绝回答，因为该报告涉密，所以并未给出其他原因。

③ Sithebe, N., Rustomjee, Z., *Coega's Integration with the Local Industries outside of its Zones and Impact on Employment Creation*, 2016.

④ 数据合计不足100%原因是部分数据属于无效数据或拒绝回答，因为该报告涉密，所以并未给出其他原因。

18%从朋友那里借钱，6%是从放债人那里借，3%是从现金周转行借取。[①]

麦芬咨询的机构报告基于库哈经济特区投资者和园区员工两个群体相关信息和不同问卷的反馈，对园区管委会容易忽视的细节作出了翔实的补充，为讨论库哈经济特区与园区外的本地产业的融合和对就业的影响提供了更多思路和建议。

西维韦·姆其茨瓦（Siwiwe Mditshwa）和罗赞达·亨德里克斯（Rozenda Hendrickse）2017年的研究评估了库哈经济特区和东伦敦经济特区所采用的"政府—社会资本合作模式"（Public-Private Partnership，PPP）所带来的财务影响和社会经济影响。文章认为，既然库哈经济特区和东伦敦经济特区能采用PPP模式，在特定区域内创造就业、减少贫困和发展技能，那么该模式理论上在各级城市也能实施。虽然在东开普省布法罗市（Buffalo City）和纳尔逊·曼德拉湾市推行的PPP模式并未对各种经济问题带来明显改善，但PPP模式仍对各级城市的管理和经济发展有借鉴意义。[②] 有研究通过问卷调查分析，指出在该模式下，南非各级政府应鼓励私营企业与政府合作，共同参与公共基础设施的建设，但项目的规划和管理应该移交政府部门，这样对有效服务方面有积极影响。[③] 虽然该研究讨论的重点是PPP模式的有效运用，但是也为南非园区的功能思考赋予了更多空间，即园区不仅是经济发展的试验田，也是政府进行政策机制、工具、手段演练的孵化器。

汤普森（Thompson）通过实地调研和文本分析，对库哈经济特区

---

① 现金周转行（Cash Converters）：南非进行小额借贷和二手交易的机构，既有用二手物品交易来换取现金服务，也有现金借贷业务。交易门槛所需信用等级较低。

② Mdttshwa, S., Hendrickse, R., "Coega and East London industrial development zones (IDZs): the financial and socio-economic impact of the Eastern Cape IDZs and Their prospects", *Public and Municipal Finance*, Vol. 6, No. 3, 2017.

③ Sithebe, N., Rustomjee, Z., *Coega's Integration with the Local Industries outside of its Zones and Impact on Employment Creation*, 2016.

的发展进行了批判性思考。她认为，园区是促进工业化、产品多样化和创造就业的一种手段，且这三个特点和南非的发展轨迹息息相关。而对于库哈经济特区的种种"成功故事"，作者却觉得过誉。通过实地考察，她提出了库哈经济特区发展的三个主要问题。第一，园区提供的就业技能培训其实并不足以满足园区企业或投资者的需求，导致频频出现专业技能和岗位需求不匹配的情况。园区所在区域的大部分居民都缺乏从事更为专业或精细化的职业，这表明库哈经济特区在职业培训的设计上有缺陷。第二，在创造长期就业岗位方面，库哈经济特区取得的成绩非常有限，当地的长期就业岗位不到 1000 个，大多数中小企业对 2016—2017 年库哈经济特区在就业创造方面的表现都表达了失望和不满。第三，库哈经济特区 2016—2017 年吸引投资数量有限，而园区前期开发费用庞大，如不能创造可持续收益，则会让巨额先期投入回笼无望。[①]

二　研究的局限和启发

可以看到，2013—2014 年，仅针对库哈经济特区的研究几乎为零。通过对库哈经济特区相关的研究，结合迄今库哈经济特区的实际发展情况可以发现，Lawler Luiz 关注的部分问题已得到解决，比如基础交通设施和园区一站式服务等。Lawler Luiz 建议的引入第三方有园区运营和管理经验的企业来主导园区发展的方案，实际上并没有实现，取而代之的是新南非政府成立了一个国有企业——库哈发展公司。在所有文献中，缺乏更多可持续性且高质量就业人员的培养和供给是关注度最高的问题，也是库哈经济特区现在依然亟待解决的问题。

相较于中国园区案例研究范式、视角和学科的多样，库哈经济特区相关研究手法比较单一，讨论问题的角度也有局限。其中表现最明

---

① Thompson, L., "Alternative South-South Development Collaboration? The Role of China in the Coega Special Economic Zone in South Africa", *Public Administration and Development*, Vol. 39, No. 4 – 5, 2019.

显的便是缺乏对园区发展系统性和阶段性的优缺点的梳理和总结。比如相比其他同类园区——撒哈拉以南其他非洲国家的园区,南非的园区有何比较优势。作为公认的南非发展最早和最快的园区,库哈经济特区在实际运营中出现的问题,其负责的行为主体有无明确划分?诸如类似的问题,需要更多学者的参与。

目前的库哈经济特区发展研究没有对园区发展的参与者角色和职能进行明确讨论和划分。如果基于多边市场理论,园区发展的参与者应该包含三个行为主体:政府及相关机构、园区管理者和园区企业。园区的发展机制应该具备平台的三个基本属性,即价格结构非中性、交叉网络外部性和需求互补。结合现有文献,通过表5-1的汇总可以发现,虽然大部分研究都涉及园区发展的三个行为主体,但是并未就园区管理者的职能进行说明。同时需要指出,因为库哈发展公司的全资国企背景,学者们是基于"园区管理者即政府部门"的共识进行讨论,并未对"园区管理者如果不是政府部门或机构"这一假设进行延展。而在联系平台三个特征方面,所有研究均无涉及。这也意味着,运用多边市场理论分析南非园区的发展,应该有更多的可能性跟更广的探讨空间。

表5-1　　　库哈经济特区相关研究讨论重点和多边市场理论

现有研究作者和年份	约翰·路易斯(2003)	布里吉特·劳勒(2003)	劳埃德·埃瑟林顿(2014)	蒂万娜·德莫斯·诺曼(2015)	麦芬咨询机构(2016)	西维韦·姆其茨瓦和罗赞达·亨德里克斯(2017)	丽莎·汤普森(2019)
园区发展的参与者							
政府及相关机构	√		√		√	√	√
园区管理者		√	√		√		
园区企业						√	√

第三节　园区发展主要优势

库哈经济特区的发展优势，主要可以从四个方面概括，分别是园区的区位优势和基础设施建设完善、新南非政府对园区发展的扶持力度大、库哈发展公司对就业培训体系的持续投入和改善以及南非投资和营商环境的稳定。

一　区位和基础设施建设优势

库哈经济特区的地理区域优势比较明显。园区位于南非东南部海岸，毗邻印度洋，距离伊丽莎白港市城区约 20 公里车程。园区地处南半球东西航线的主线道上，东西往来航班频繁。园区和南非各市以及其他非洲国家均有铁路连接，同时园区主干道和南非国家 N2 高速公路无缝衔接，确保能抵达南非各地。

在海运方面，库哈经济特区的优势更加明显，所处的纳尔逊·曼德拉湾是南非的深水集装箱转运中心。麦芬咨询机构的调查显示（见图 5-5），选择入驻库哈经济特区的企业代表反馈中，"邻近港口"是排名第一的原因。

库哈经济特区是撒哈拉以南非洲唯一一个坐拥两个港口——伊丽莎白港和尼奎拉深水港的园区。伊丽莎白港建于 1799 年，是南非的主要港口，距离国际机场约 4 公里车程。码头可靠全长 202 米，泊位深度为 8—11 米，港口运力可达 40 万个集装箱。[①] 而尼奎拉深水港是南非指定的集装箱运输枢纽港口，且南非计划将其建设成南部非洲新兴石油贸易中心。该港口 2002 年开始建设，2009 年投入使用。到 2019 年，南非国家港务局（Transet National Ports Authority，TNPA）

---

① Transnet, "Port Elizabeth Terminal: 2019", https://www.transnetportterminals.net/Ports/Pages/PortElizabeth_ Multi.aspx.

已投资超过 100 亿兰特在该港发展上。① 尼奎拉深水港占地 60 公顷，船舶吃水 16.5 米，可容纳 8000—9000 艘 20 英尺当量单位（TEU）的船只。②

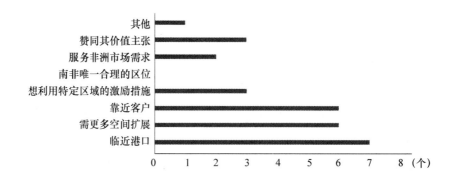

图 5-5　企业入驻库哈经济特区原因调查

资料来源：Sithebe, N., Rustomjee, Z., *Muffin Consulting*, 2016。

基础设施建设方面，参照中国园区基础设施建设"三通一平""五通一平""七通一平"和"九通一平"的标准③，库哈经济特区现在基本实现了"七通一平"，除了通暖气未达成之外，供水、排水、通电、通路、通信、通天然气或煤气都已达成。库哈经济特区的区位和基建优势，通过其园区投资企业反馈，也可窥见一斑。如图 5-6 所示，绝大部分投资受访者认为库哈经济特区最大的优势之一是其完善的世界级基础设施。

① 南非国家港务局，隶属南非国有企业——南非国家运输集团（Transet），主要负责管理和运营南非的八个主要港口。南非国家港务局主要负责规划、提供、维修和改善港口的基础设施和相关配套服务，南非国家运输集团旗下另一部门南非港口码头管理处（Transnet Port Terminals）则负责码头货物装卸。

② Coega Development Corporation（CDC），"Deepwater Port of Ngqura：2020"，http：//www. coega. co. za/Content. aspx？objID = 90.

③ "三通一平"指的是通水、通电、通路和平整土地；"五通一平"指通水、通电、通路、通信、通排水和平整土地，"九通一平"指"九通"为通市政道路、雨水、污水、自来水、天然气、电力、电信、热力、有线电视管线和平整土地。

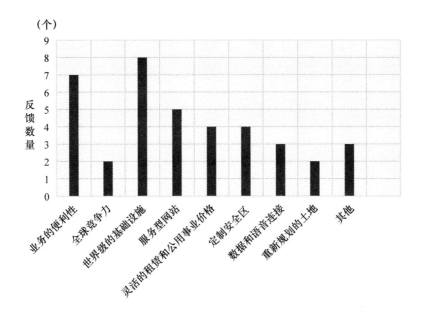

图 5-6　入驻库哈经济特区的益处

资料来源：Sithebe, N., Rustomjee, Z.: Muffin Consulting, 2016, p. 52。

二　政府扶持力度大

库哈经济特区从成立伊始就得到了南非各级政府的大力扶持，主要体现在三个方面：相关政策法案健全、园区管理机构健全和园区各类优惠措施的制定。

虽然库哈发展公司是国有企业，但是有别于中国园区发展初期阶段所采用的"一套班子，两块牌子"模式，库哈发展公司承担园区管委会的职能，负责园区的全盘运营和开发，各级政府同时也可对库哈经济特区进行指导和管理。这样能有效避免政府机构直接面对市场，改由有资质的独立园区运营企业面对市场竞争，也让园区的运营更符合客观经济规律。2015 年开始，库哈发展公司对各个部门进行了结构重组和人员精简改革，专注于三项业务职能，分别是园区投资服务、中心支持服务和外部服务，所有商务活动和业务都围绕这三项基本职能开展。① 库哈经济特区在归属权上同时隶属于两个体系：一是东开普省政府和下属经济发展、环境事务和旅游部，二是南非贸工部和纳尔逊·曼德拉湾市政府。

新南非政府对园区经济的发展非常重视，颁布了一系列促进园区发展的政策和法案，并且在多个国家级重点项目和政策中强调了园区发展的重要性。2011 年，新南非政府起草了《经济特区法案》，规划了 10 个园区，2014 年，该法案正式通过。② 2012 年贸工部发布园区发展政策对南非园区做出阐释。2014 年 5 月，新南非政府通过第 16 号法令——《经济特区法》进一步完善了园区的定义，并提出各级政府（包括国家政府、省级政府、市级政府）、公共实体以及市政单位或公私合营企业在满足特定条件情况下，均可独立或联合申请划定一个特定区域为园区。③ 2016 年 2 月 9 日，《经济特区法案》正式生效，该法案的目的是促进劳力密集区域的国内外投资，并创造就业、提升竞争力、促进技能和技术转让以及增加出口。④ 截至 2019 年，每一年新南非政府发布的《产业政策行动规划》中，园区的重要性都被反复提及。同时，新南非政府在推行园区内税收减免和其他激励措施考量上，也显现出其对园区发展的扶持力度。

针对园区发展，新南非政府出台了系列税收减免措施，对于符合资质且满足一定条件的企业，可以享受增值税和关税减免、放宽就业税收优惠等政策。这些优惠政策主要包括：符合条件的企业能够在 2014—2024 年获得减免 13% 的企业所得税税率；为符合新工业项目发展的入驻企业提供税收减免，或对投资用于现有项目拓展和升级的企业提供减免；位于海关监管区域符合资质的企业可享增值税和关税

---

① Coega Development Corporation（CDC），*Integrated Annual Report* 2018/2019，2019.

② Department of Trade and Industry，*Industrial Policy Action Plan*（*IPAP*）2012/13-2014/15，Pretoria：Department of Trade and Industry，2010.

③ Republic of South Africa，*Special Economic Zones Act* 16 *of* 2014，May 19，2014.

④ Coega Development Corporation（CDC），"Tax Benefits of a Special Economic Zone：2020"，https：//www.coega.co.za/DocumentList.aspx? cmd = browse&objID = 80&catID = 23.

减免，该政策与在园区享受的优惠政策类似；在任何园区雇佣年薪低于 6 万兰特的企业可获雇佣税激励。[①]

三　就业培训体系完善

从工业开发区到经济特区，南非园区最主要的目的之一就是带动就业的发展，创造更多的岗位，缓解长久以来困扰南非的失业率高居不下的问题。因此，在强就业需求的刺激下，库哈经济特区在创造就业条件环节也付出了相当努力。库哈发展公司有三个核心业务模块，分别是库哈经济特区、库哈商业服务和项目管理服务，其中商业服务模块涵盖招聘选拔和职业技能培训等内容。

库哈经济特区有专门的就业指导部门——库哈发展基金会[②]，是一家隶属于库哈发展公司的非营利性公司。该公司设于库哈经济特区，主要职能是为有意向就业人员提供各类职业培训和就业辅导服务，包括短期课程、学工培训、传统技艺和国家相关职业证书评级培训等。[③] 而培训的具体类别也多种多样，除常见的焊接、木工、管道维修、建筑、装修等工种外，库哈发展基金会还为待就业人员提供数学和科学科目培训。这项培训有别于其他园区的职业技能培训，设置原因和南非本土教育环境息息相关。南非教育体系中，数学和科学的不合格率常年居高不下，通过提供这两科相关的教辅服务，可以让那些来自贫困家庭的人员也能够有机会接受高等教育。[④]

就业培训和服务系统良性的持续运作，对库哈经济特区的就业产生了积极且显著的影响。如表 5-2 所示，截至 2015 年 6 月，库哈经

---

① Coega Development Corporation (CDC), "Tax Benefits of a Special Economic Zone: 2020", https://www.coega.co.za/DocumentList.aspx? cmd = browse&objID = 80&catID = 23.

② 库哈发展基金会 (Coega Development Foundation, CDF) 的前身名为库哈技能发展中心 (Coega Skills Development Centre)。

③ Coega Development Corporation (CDC), "Coega Development Foundation Services Brochure: 2020", https://www.coega.co.za/DataRepository/Documents/91DA4zmpKfs7ThcIYw4uM4UIY.pdf.

④ Meyer, G., Schroeder, J., Gajjar, Y., *Skill Training and Development at Coega*, 2016.

济特区就业总人数（除通过劳务中介聘用的雇员）为2859人，其中制造业就业人数占比为86.7%，达2480人。截至2018年6月，库哈经济特区就业总人数为4779人，其中制造业就业人数最多，共2563人，占总人数的53.6%。2018年就业率相较于2015年增长18.7%，制造业和非制造业新增就业人数1920人，其中非制造业就业人数增加数量为1837人。[1] 2018—2019年，库哈经济特区新增建筑工作岗位8016个，累计操作作业岗位7815个，累计培训人员达7406人。[2] 1999—2019年，库哈经济特区共创造就业岗位120990个，培训人数10万人。[3]

表5-2   库哈经济特区就业情况

行业类型	2015年6月		2018年6月		对比增长率（%）
	数量（人）	贡献占比（%）	数量（人）	贡献占比（%）	
制造业	2480	86.7	2563	53.6	1.1
非制造业	379	13.3	2216	46.4	80.2
总计	2859	100	4779	100	18.7

资料来源：Maluleke, R., Coega Special Economic Zone：2018，Statistics South Africa，2019。

四　投资营商环境稳定

园区经济若要达到持续性且蓬勃有序的发展，需要有稳健的外部经济环境作为支撑。南非作为撒哈拉以南的领头羊和外资进入南部非洲的首选国家，其投资营商环境得到的评价大多也是比较积极

① Maluleke, R., Coega Special Economic Zone, 2018：Statistics South Africa, 2019.

② Coega Development Corporation（CDC），"Company Profile 2020"，http：//www.coega.co.za/Documents.aspx? objID=80.

③ Coega Development Corporation（CDC），"Coega In Numbers：2019"，http：//www.coega.co.za/CoegaFastFacts.aspx? objID=111.

的。根据贸工部 2020 年发布的《南非投资指南》，从经济指标上来看，南非是非洲的第二大经济体，同时也是 G20 和金砖国家成员。与非洲其他主要经济体相比，南非的商业银行贷款利率相对较低。南非是 2017 年非洲最大的出口国和进口国。同年，服务业依然是南非经济发展的强力保障，为南非贡献了近 70% 的附加值，同时也为南非贡献了最多的就业岗位。2013—2018 年，南非创造就业岗位最多的三个行业分别是金融业、建筑业和社区以及社会服务业。2018年，南非外国直接投资快速增长，约占非洲总量的 18%，快速增长主要来自采矿、石油提炼、食品加工、信息通信技术和可再生能源等领域。

据世界银行 2020 年发布的《营商环境报告》，南非在全球 190 个经济体中的营商便利度排名第 84 位，在撒哈拉以南国家中排名第四位。[①] 在 2019 年世界经济论坛发布的《全球竞争力报告》中，南非在 141 个经济体中排名第 60 位，比 2018 年上升 6 位。[②] 该报告指出，南非是非洲大陆的金融中心，股票、信贷和保险行业市场都比较发达，基础和运输设施先进，市场规模在非洲也名列前茅，在公共部门的行政效率和公司治理评分中也进步显著。[③] 中国商务部 2019 年发布的《对外投资合作国别（地区）指南：南非》，也归纳了南非营商的一些主要优势，包括相对稳定的政治和经济环境，金融和法律体系健全，律师和会计等第三方专业服务能力强，矿产和自然资源丰富，具备一定科研创新能力以及消费需求强大等。[④]

---

① The World Bank, *Doing Business* 2020, Washington D. C., 2020.

② Schwab, K., Sala-I-Martin, X., *The Global Competitiveness Report, 2019*, Geneva: World Economic Forum, 2019.

③ Schwab, K., Sala-I-Martin, X., *The Global Competitiveness Report, 2019*, Geneva: World Economic Forum, 2019.

④ 中华人民共和国商务部：《对外投资合作国别（地区）指南：南非》，北京，2019。

第四节　园区发展问题分析

通过实地调研，笔者梳理了和库哈经济特区发展息息相关且不同行业人士都共同关心的三个问题：可持续就业创造乏力和劳工质量不高，各级园区行政管理体系混乱以及南非劳工法倾向雇员和工会势力强大。

一　可持续就业创造乏力和劳工质量不高

库哈经济特区发展面临的第一个挑战是缺乏可持续性的就业岗位创造和劳工质量不高。园区企业反馈对于其通过库哈发展公司聘用的员工素质和受教育程度都比较满意，比如焊工和油漆工等。这也反映出库哈发展基金实施的职业技能培训成效符合雇主预期。但数据表明，创造的就业岗位大多为临时或短期就业，长期就业岗位数量有限，劳动力缺乏可持续性发展。另外，部分企业有自己单独的培训制度和方案，在培训流程的设计上也会和库哈发展公司部分设计重叠，但是却更符合企业生产的要求，且培训成本不高。比如中国一汽在一些简单的工种上直接聘用园区提供的人员，但在装配线上则需要专门培训，一般周期在三个月，且签的都是长期合同。① 这种情况和丽莎·汤普森的实地考察情况一致，即园区方提供的就业技能培训并不能覆盖园区所有岗位的需求，而仅仅是满足了部分泛化且职业门槛不高岗位的供给，对专精职业的培训有所欠缺。② 再者，库哈经济特区内入驻企业在当地雇用的员工，生产率较低，其产出和企业以及各部分对库哈经济特区的投入不成正比，间接影响并降低了园区的核心竞争力。

---

① Yao, H., *Coega SEZ Performance Interview*, 2016.

② Thompson, L., "Alternative South-South Development Collaboration? The Role of China in the Coega Special Economic Zone in South Africa", *Public Administration and Development*, Vol. 39, No. 4 – 5, 2019.

　　不能创造足够长期固定工作岗位的后遗症便是合同终止后，被解雇员工们的聚集、游行和示威活动。一些中小企业与当地工人签订了短期合同，当项目完成施工后，合同到期，也意味着工人们失业。为了抗议雇主终止短期合同，工人们聚集在库哈经济特区总部入口处，以歌舞聚集等形式表示抗议。[①] 针对这种情况，库哈经济特区收集了这部分劳工的信息并录入系统，一旦有雇主有需求，便优先考虑这批人员。

　　劳工整体质量不高，也是导致可持续就业面临挑战的一个主要因素。如图5－7所示，2016年南非初中及以下学历人数占全国总人口的55%，而东开普省初中及以下学历人数占全省人口的66%，且高中及以上学历的人口占比低于全国平均水平。

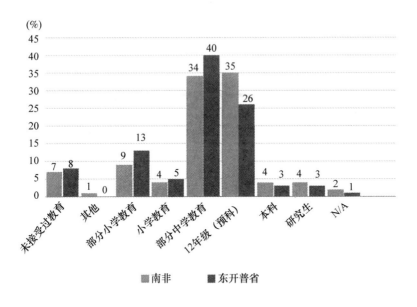

图5－7　2016年南非和东开普省人口受教育程度对比

资料来源：https：//wazimap．co．za/。

---

① Meyer, G., Schroeder, J., Gajjar, Y., *Skill Training and Development at Coega*, 2016.

受教育程度普遍不高带来的直接影响是在就业上选择面极其有限，其能力和技术满足不了雇主的招聘需求。这对库哈经济特区和企业的影响是，雇主在招聘当地员工时，除了库哈经济特区提供的人员外，没有足够的选择余地。再者，园区企业反映，员工的缺勤率每月大概在7%，2013—2016年平均出勤率并不高，在91%左右。① 这些缺勤往往是突发的，比如临时告知相关负责人身体不适或有急事需要离开。有时企业负责人明知这些都是借口，却只能接受。而核心生产线的任何一个环节有人缺勤，意味着整条生产线产能都会受到影响。此外，南非约有300万人受胎儿酒精综合征影响，而东开普省受影响程度排全国第二。②③ 库哈经济特区发展基金相关人员强调了这一数据，并指出，酒精滥用在库哈经济特区及其周边地区并不少见，这些将对员工的工作产生消极影响，进而影响企业的整体效率。④

二 各级园区行政管理体系混乱

如前文所提，库哈经济特区除了由库哈发展公司直接运营外，在行政体系上受两个不同部门及其下属机构管理，分别是东开普省政府和下属的经济发展、环境事务和旅游部，以及贸工部和纳尔逊·曼德拉市政府。两个行政体系和跨部门的管理运作，让园区相关信息交流和决策制定进程变得冗长、烦琐和缓慢。政府管理机能的紊乱，复杂和漫长的园区项目资金申请审批，以及国家高层对园区运作机制的不了解，共同造成了库哈经济特区混乱的行政管理体系。

首先，在园区管理过程中出现的政府各部门和各个层级之间的管

---

① Yao, H., *Coega SEZ Performance Interview*, 2016.

② Jemsana-Mantashe, B., "Foetal Alcohol Syndrome still a Problem in E Cape: 2018", https://www.sabcnews.com/sabcnews/foetal-alcohol-syndrome-still-a-problem-in-e-cape/.

③ 胎儿酒精综合征（Foetal Alcohol syndrome, FAS）指孕妇因在妊娠期间酗酒对胎儿造成的永久出生缺陷。妊娠期酗酒会导致酒精进入胎盘，阻碍胎儿健康成长和体重，破坏胎儿的脑部结构和神经元，并可能会导致胎儿体质、心智或行为问题。

④ Nkasa, V., Mouchili, I., Raflou, S., *Financial Performance of Coega*, 2016.

理机能紊乱问题，与南非的政治环境有很大关联。南非国民议会现有
13 个政党，实行多党民主制。领导着"3 + 1"执政联盟（非国大、
南非共产党、南非工会大会和南非全民公民组织）的非洲人国民大会
（African National Congress，ANC，简称非国大）是南非的执政党。非
国大成立于 1912 年，是南非历史最悠久、规模最庞大、成员最多的
黑人民族主义政党。南非第一大反对党为民主联盟（Democratic Alli-
ance），主要代表工商和金融界利益，其成员多为白人。[①]

　　南非分中央、省级和地方三级政府体制，三级政府中都有各个党
派的成员，这也就意味着三级政府中存在相当程度的政治竞争和博
弈。各级政府不受同一个政党控制，会给行政指令和政策落实带来巨
大障碍。议会和省级政府之间的紧张关系，使得行政方面的推进漫长
而复杂，并且缺乏综合规划。省级和地方政府的工作人员看不到他们
所做工作对经济的迫切性。政府部门相关人员认为，对于南非中央政
府来说，应该关注现存的问题，努力寻找解决方案，而不是不断绘制
蓝图。他们应该专注于改善省级现有的基础设施，而不是不断修建新
设施。而地方政府则没有改革和实施新机制或策略的能力，也没有经
济发展的部署和计划，很多政策和条例多年都没有更新，依旧沿用陈
旧的政策。省级政府和地方政府之间的关系也比较微妙。相关人士认
为，省级政府的首要任务是吸引投资，这需要地方政府的全力配合，
但地方政府却总是等待中央政府告诉他们该做什么和如何去做。[②] 基
于这样的政治环境，结合库哈经济特区运营的实际情况，有库哈发展
公司员工反馈，在长期向各级机构报告中，各个部门不断拉锯和推
诿，让他们不断反思一个问题——究竟谁能真正对园区发展负责？[③]

　　其次，库哈经济特区在搭建、修葺、维护或升级基建设施时，需
要就每一个单一项目分别申请。比如要用回水器净化污水以获得工业

---

① 中华人民共和国商务部：《对外投资合作国别（地区）指南：南非》，北京，2019。
② Whitfiled, A., *Administrative Process in South Africa Government and Views on Coega*, 2016.
③ Meyer, G., Schroeder, J., Gajjar, Y., *Skill Training and Development at Coega*, 2016.

用水，则必须向贸工部或相关部门申请专项拨款，而整个行政审批流程在三个月左右，如果需要补交其他文件或项目说明，则整个流程会更长。以贸工部审批机制为例，负责审批的相关人员一个月只会进行一次审批签字，错过则需要再等一个月。[①] 因此，快速决策和精简审批流程是园区管理者和入驻企业共同关注的问题。对于园区管理者来说，获得不同政府层级的支持，能有效快速推进园区各项事物落实；对于入驻企业来说，"一站式"服务的落实和政府对园区的重视能增强持续投资信心。

最后，中央政府对园区直接负责的机构是贸工部，也是负责园区各项目申请审批签署的机构，同时贸工部负责所有与园区发展有关的资金发放。但是中央政府对于园区的核心竞争力意识似乎有所欠缺：核心竞争力的打造意味着园区需要各类服务机构聚拢并高效协助园区管委会和入驻企业，以最快的效率和符合规范的程序来吸引投资。但实际情况是，贸工部部长直接负责签署园区新项目或新建筑设施的审批。举个例子，如果园区管委会和有意向入驻企业可以马上签约，但管委会必须将签约申请寄给贸工部部长，大概经过至少两个月的时间等候批示看能否签约。一旦签约成功，园区管委会需要就各类激励措施和免税机制向贸工部申请，比如入驻企业能否得到13%的企业所得税减免等，然后再等待贸工部的回复。园区相关人员反馈，仅这两个申请的审批程序可能就需要一年时间。[②] 如果政府高层意识不到园区的运作模式和对各类政策推行的迫切性的话，对于园区管理方和潜在入驻企业的时间和资源都是极大损耗。可以预见的结果是，原本有意向的企业因为上述种种问题，极有可能转投其他在行政审批流程更为精简、基础设施质量相当以及激励政策更加灵活的园区。

---

① Smit, G., *Performance of Coega*, 2016.

② Nkasa, V., *Operation of Coega*, 2016.

三　劳动法倾向雇员和工会势力强大

库哈经济特区发展的第三个挑战是，南非劳动法律法规比较严格，对雇员保护力度较大，同时工会势力强大，导致劳资关系紧张，罢工事件时有发生。"3＋1"执政联盟成员之一的南非工会大会（Congress of the South African Trade Union，COSATU）势力庞大，现有下属工会21个，缴纳会费成员超180万人。和劳工相关的法律法规众多，比较有代表性的有《劳工关系法》（Labor Relations Act）、《平等雇佣法》（Employment Equity Act）和《基本雇佣条件法》（Basic Conditions of Employment Act）等。[1] 这些法律在保护劳工权益、促进就业公平、保障员工收入等方面发挥了积极作用。相关数据表明，南非工会充分利用劳工法为工人争取各项权益和谋求福利，2014年，南非工会成员的平均薪资涨幅达7.8%。[2] 但需要指出的是，这些法律赋予了南非各工会组织很大权力，且对雇员有明显倾斜，具有保护主义色彩。如果在立法层面一味强调劳工的权益和强化对他们的保护，则有可能会"矫枉过正"。

南非劳动法对雇员的工作时长、最低薪酬和休假机制都有明确规定，导致雇主和雇员之间的议价空间极其有限，甚至处于被动地位。比如雇主无特殊原因，不得随意解雇雇员；南非本土黑人雇员，不管工作表现如何，每年需加薪10%；雇主不得在无协议的条件下要求员工在公共假日工作或加班。[3] 在企业实际运营活动中，雇主难以解雇任何人，在轮班调休制度的推行上也受到相当多阻碍。[4] 员工被法律过度保护的后果是，如果和雇主方有冲突，则会向工会寻求帮助，工

---

① 中华人民共和国商务部：《对外投资合作国别（地区）指南：南非》，北京，2019。

② 《华侨新闻报》：《南非工会启示录：这些年来他们究竟为工人做了些什么》，http://www.nanfei8.com/news/nanfeishishi/2016-05-10/30275.html。

③ 陈肖英：《南非中国新移民面临的困境及其原因探析》，《华侨华人历史研究》2012年第2期。

④ Whitfiled，A.，*Administrative Process in South Africa Government and Views on Coega*，2016.

会的一味纵容会让部分有投机思想的员工肆无忌惮，甚至利用工会将其当作从事不法活动的"保护伞"。[①] 长此以往，会挫败投资者热情，也不利于南非就业竞争力的发展。[②] 而在库哈经济特区，南非并未有针对园区劳工的专门立法，而沿袭了全国通用的劳动法律法规，使得库哈园区管委会到园区企业对劳动力的溢价能力极其有限，在和员工薪资谈判时处于被动地位。[③]

工会组织权力过大的另外一个后果是南非各地频繁的罢工。南非罢工活动持续时间长短不一，从几个小时到几个月都有可能，罢工原因多和提升薪酬要求相关，在矿产业和制造业尤为频繁。各地频繁的罢工给南非本地和国外企业乃至南非整体经济带来了巨大冲击。2016年，南非第二大工会——全国矿工工会（National Union of Mineworkers）与南非最大的铂金生产商英美铂金（Anglo American Platinum）的薪资谈判破裂，导致半数工人罢工，全年损失 94.6 万工时，造成的直接经济损失达 1.61 亿兰特。[④] 罢工及其带来的连锁影响同样会动摇国外企业的投资信心。

系列劳工法强化了对南非本土黑人权益的保护，同时也加强了对外籍劳工的审核。新南非政府对引进外籍劳工的管控和限制非常严格，原则上如果能在南非本地找到合适的雇员，就不能再招聘外籍员工，以此保障本国劳工的就业机会。根据南非的《移民法》和《外国人管理法》，外籍人员需持有南非内政部签发的工作许可证并在规定的单位就业才是合法的。[⑤] 工作许可证的办理和相应签证的审批程序烦琐且时间漫长，极大影响了各方工作效率。[⑥]

---

① 王晓鹏：《强势的南非工会》，《当代工人》2013 年第 16 期。
② 陈肖英：《南非中国新移民面临的困境及其原因探析》，《华侨华人历史研究》2012 年第 2 期。
③ Whitfiled, A. , *Administrative Process in South Africa Government and Views on Coega*, 2016.
④ 中华人民共和国商务部：《对外投资合作国别（地区）指南：南非》，北京，2019。
⑤ 中华人民共和国商务部：《对外投资合作国别（地区）指南：南非》，北京，2019。
⑥ Nkasa, V. , Mouchili, I. , Raflou, S. , *Financial Performance of Coega*, 2016.

上述劳工法限制以及工会权力过大等问题，让库哈经济特区现有入驻企业在处理劳资关系和员工工作弹性问题以及薪资谈判时，感觉寸步难行，甚至会阻碍企业发展。① 对于有意向投资的企业来说，刻板的且明显倾向雇员的劳工法也会动摇其投资决定。② 而园区作为国家新经济政策的试点和推行高地，需要参考的是其他国家有竞争性的园区试点政策，而不能简单生硬地把园区外的各种法规一成不变地照搬到园区运营中。

四　其他问题

除上述三个主要问题以外，政府官员、园区企业和园区管委会等受访对象基于自身视角，还反映了其他一些库哈经济特区存在的问题或挑战。纳尔逊·曼德拉湾市政府官员认为，库哈经济特区的模式具有潜力，但是应更关注提高其生产效率；他还指出，库哈经济特区和纳尔逊·曼德拉湾市之间的联系不够紧密，缺乏与市政府的有效沟通。③

库哈经济特区企业代表对库哈园区现阶段的基础设施和配套服务基本满意，认为基本能源供给能保证，比如水电。但水电费用却过高，每月接近 10 万兰特，且一直在涨价，园区企业尝试就该问题发邮件或致电库哈发展公司，但都未回复。在信息咨询和法律援助方面，库哈发展公司未提供战略咨询和信息追踪反馈服务，也没有任何法律援助。住宿方面，园区能满足基本配套设施，安全比较有保障，但没有电话和网络，属低水平住宿，且由于外部社会治安较差，总体来说不具备太高的宜居性。④

虽然新南非政府在园区的相关政策和立法上有明显的推行举措，但是园区相关人员普遍反映，现阶段库哈经济特区缺乏政府资金的支

---

① Meyer, G., Schroeder, J., Gajjar, Y., *Skill Training and Development at Coega*, 2016.

② Wang, X., *Incentives for FDI*, 2016.

③ Whitfiled, A., *Administrative Process in South Africa Government and Views on Coega*, 2016.

④ Yao, H., *Coega SEZ Performance Interview*, 2016.

持。库哈经济特区现阶段在财政上并不独立，这就意味着库哈经济特区没有能力创造利润或进行财务操作。在财务申请上，库哈经济特区必须针对每个特定的项目及其金额向贸工部进行拨款申请。[①] 此外，新南非政府认为库哈经济特区应该在一段时间内自给自足，但园区相关人员却指出库哈经济特区在3—5年内难以达到财务独立。[②]

第五节　库哈经济特区发展的反思

虽然新南非政府对库哈经济特区投入大量资金支持和政策扶持，但库哈经济特区的发展仍不尽如人意。结合多边市场理论框架来分析库哈经济特区发展的优势和挑战，笔者对园区发展的参与者——新南非政府、库哈发展公司（库哈经济特区管委会）和园区企业在各优势和挑战项进行评估，以便观察它们是否参与或成为对应的优势或挑战。

从表5-3可以看到，在库哈经济特区打造核心优势和面临主要问题中，园区企业并未直接参与。在园区的建立和发展初期，政府对区位的选择以及基础设施建设起主导作用，库哈发展公司则负责落地执行。新南非政府对园区的扶持力度也较大，为确保园区项目平稳发展，完善了相关政策和法律法规，同时各级政府相关部门对园区发展进行规划、指导、支持和监管。此外，政府还明确了园区各类优惠措施，如税收减免等。园区管理方——库哈发展公司在就业培训体系的搭建上，也秉持为南非创造更多的就业岗位原则，创造了大量的就业机会。总体来看，在三个主要优势方面，新南非政府和园区管理方分别在其中两项中发挥了较强能动作用，对打造园区优势有所助力。

---

① Meyer, G., Schroeder, J., Gajjar, Y., *Skill Training and Development at Coega*, 2016.

② Smit, G., *Performance of Coega*, 2016；Nkasa, V., Mouchili, I., Raflou, S., *Financial Performance of Coega*, 2016.

表5-3　　　　多边市场理论框架下库哈经济特区参与者的参与程度

	政府	园区管理方	园区企业
园区发展主要优势			
区位和基建	√	√	
政府扶持力度	√		
就业培训体系		√	
园区发展面临挑战			
可持续就业和劳工质量	√	√	
各级园区行政管理体系	√		
劳工法倾向和工会势力	√		

　　然而，在分析园区发展面临的问题和挑战中，笔者发现所探讨的三个主要问题的本质原因都和政府有关，无论是整体就业环境和劳工质量，还是园区行政管理，再或是立法层面和工会势力，都不是在园区层面可以解决的问题，需要上升到国家层面。这也说明，园区的发展，不管在什么阶段，新南非政府所扮演的角色都至关重要。如果政府层面意识不到园区和国内其他区域发展必须有所不同，且这些差异要在立法、行政、配套服务、政策支持等各方面都有所体现，那么南非园区的发展很可能是只有园区经济形态的"形"，而未领其"神"。

　　对于这些问题的可行性建议，在本书的第六章会详细阐述。

第六节　本章小结

　　通过对库哈经济特区发展的利弊分析，并结合多边市场理论框架，笔者发现，南非各级政府对园区的认知和管理，会对库哈经济特区的发展产生较大影响；而且，投资者也确实对此有所顾虑。南非的政治环境特殊，多党制导致各级政府行政体系中党派林立，行政手续和政策实施过程烦冗。劳动法对员工的过度保护、工会势力强大且频频发生的罢工事件，都会降低投资热情。此外，南非根深蒂固的贫困和教育问题也在一定程度上减少了人才市场的竞争力。

新南非政府和制定园区发展战略的相关部门应充分了解园区的发展路径以及它们在园区发展的各个阶段扮演何种角色，发挥什么职能，和园区管委会如何形成互补机制，这样才能更好地服务园区企业，促进园区企业之间、园区企业和管委会之间、园区企业和政府部门之间的良性互动，让园区的核心竞争力和比较优势变得更加显著。下一章，笔者将尝试从不同维度将南非和中国的园区进行对比，以求为南非园区的发展寻找更多可能性。

第六章

中国和南非园区发展比较研究

中国园区发展已接近半个世纪，势头迅猛，是中国区域经济发展的先遣部队，为中国的改革开放和经济增长贡献了力量，推动了中国城市化发展的进程。时至今日，中国园区已有三种主要形态——传统型园区、平台型园区和生态型园区；从功能划分的角度也分为多种园区模式，如出口加工区、高新技术产业园区、保税区等。

中国园区的成功运作吸引了很多国家纷纷效仿，尤其是发展中国家，非洲国家也不例外。目前部分非洲国家除了学习中国园区经验外，甚至直接抛出橄榄枝和中国企业合作在海外建立中外境外合作贸易园区，以便更快推动当地产业集群的发展。[1][2] 从这些园区的建立可以看出，中国园区的发展模式、经验、路径等对其他国家有重要借鉴意义。

而反观南非园区的发展，则并不顺利。南非虽然是非洲最大的工业国家，但经济长期处于低增长，制造业在国内生产总值中所占的份额也急剧下降。南非长期尝试用政策干预其制造业的空间分布，自2001年起设立工业开发区，2012年将所有园区转型为经济特区。南

---

① 郑锦荣、王胄、尚庆琛：《中外境外经贸合作园区建设比较》，中国商务出版社2018年版。

② 截至2016年，这些中非合作园区包括：赞比亚中国经济贸易合作区、埃及苏伊士经贸合作区、尼日利亚莱基自由贸易区（中尼经贸合作区）、埃塞俄比亚东方工业园。

非现有 10 个园区中，有 7 个园区在运营，有 3 个处于规划或建设中，所有园区都长期依赖政府资金存活，且都不具备自负盈亏的能力，也没有能力创造利润。这些园区对促进整体经济发展成效甚微，并且几乎未能吸引变革性投资。因此，南非园区急需更多国际成功经验作为参照，同时结合自身的实际情况来改善园区发展条件和调整园区发展战略。

本章通过梳理现有园区比较研究，提炼这些研究的主要比较标准，再结合多边市场理论框架，对中国和南非的园区发展进行比较，判断两者发展路径有何异同，更好明晰南非园区发展中存在的问题，并为南非园区发展的可行性建议提供更多理性思考。

第一节　园区比较研究回顾

综合来看，中国对于园区比较研究比较多，且比较的层面比较丰富。按区域划分，有省份内部不同园区的比较，有跨省份的园区比较，也有国内和国外园区的比较。研究中既有侧重于分析园区治理和管理模式，也有对特定园区类型——高新科技园区的比较分析。

一　国内园区比较

在国内园区的比较研究方面，许大为对上海安亭汽车城和武汉经济技术开发区两个汽车产业园区的发展模式进行了比较分析，从园区的管理体系、产业链条、园区规划和相关政策等方面来解析两个园区的异同，并为其他类似园区的发展提供参考。作者发现两个园区的政府参与力度有所差异：上海安亭汽车城基于园区功能模块，按照市场化运作；而武汉经济技术开发区则是以政府为主导，土地开发公司为辅。武汉经济技术开发区主要面向当地市场，上海安亭汽车城则面向全国甚至全世界。此外，两个园区的发展都离不开基于政府的产业政策、资金和金融服务的支持。①

　　曾铁城和胡品平通过对广东省四个城市的高新区——广州、佛山、珠海和肇庆不同的园区管理体制的对比指出，根据政府授权程度，这些高新区可以划分为四种管理模式。② 他们通过对四种管理模式优缺点的对比，指出管理模式的选择应该匹配园区发展的不同阶段侧重和园区产业特征，同时建议应该增加园区管委会的独立管理权限。③

　　郭喆把2013年的山西省和其他中部六省进行对比，指出山西省高新技术产业的发展在中部六省中居后。作者建议高新技术产业区应采取从政府引导性投入过渡到企业主导投入的良性模式，吸引更多社会资本参与创业风险投资，同时完善人才引进和留存机制。④

二　跨国园区比较

　　在跨国园区比较研究中，中国学者的研究比较多，但从文献分析可以发现，大多是关于高新科技园区的对比研究。国外学者对园区的比较研究较少，而且观察视野也比较单一。

　　孙都光对硅谷、剑桥科学院、新竹科学园和中关村科技园四个国内外高科技园区在演化路径、产业分布、政府、企业和科研机构的参与程度等方面做出比较和归纳，提出科技园区的建立需要具备如下条件：（1）有科研机构的支持，比如知名大学或研究所；（2）有意向在科技产业创业的人才和高技术产业及其高技术含量的产品；（3）有"三元并包"的政府、企业和科研机构共同参与园区的管理；（4）有孵化器或类似机构提供技术和服务支持；资金充裕并且园区能和周边

---

① 许大为：《上海与武汉汽车产业园区发展模式比较分析》，《硅谷》2010年第5期。

② 四种模式为：无授权、部分授权、完全授权和区政合一。

③ 曾铁城、胡品平：《几种典型高新区管理模式的比较分析——以广东省高新区为例》，《科技管理研究》2011年第5期。

④ 郭喆：《2013年山西省高新技术产业开发区和高新技术企业发展现状及与中部六省的对比》，《科技情报开发与经济》2015年第19期。

区域发展并进。同时作者针对高新科技园的发展提出了一些建议，如产研结合、根据实际情况制定园区发展方针、制度改革和创新以及聚焦产业集聚等。①

王慧珍比较了两个园区的建设情况——日本北九州生态工业园和天津经济技术开发区，发现两个园区的主要差异体现在园区内企业基础、政策环境和技术支持体系三个方面，并指出天津经济技术开发区应采取有效推进清洁生产、增加政策扶持和提升技术支持等措施来助力园区发展。②

陆利华和张克俊从目标功能、政府作用、发展模式、区位选择、规划建设五个层面对中国和国外的高新科技园区进行了比较，发现中国高新科技园区虽然在功能设计上是多重的，但大多数园区发挥的仅是产业功能，创新功能开发不足。作者建议政府引进更多高校、科研机构和创新孵化机构来分担政府的部分职能，推动高新科技园区朝更专业化方向发展。此外，应着重开发自主知识产权，打造高新科技园区的核心竞争力。在区位选择上，应采取区域多元化策略，平衡高新园区的区域发展。最后，作者认为中国高新科技产业园的集群机制较为脆弱，应在发展集群体系和创新机制上有更多思考。③

周英豪比较了中关村科技园区和美国硅谷两个高新科技产业园区，建议未来中国高新科技园区发展中，首先，应加大研究机构和高校的参与力度，让其在技术改革和创新中发挥重要作用，把具有前瞻性的科研成果转化成生产力。其次，园区企业应关注入园人才的民生需求，搭建生活质量有保证的服务性平台，让他们有更多发挥科研潜力的途径和空间。同时，作者建议因地、因时地调整政府在园区发展不同阶段和情境下的作用，让政府的管理效能更有弹性，让园区也能

---

① 孙都光：《国内外高科技园区的比较研究及启示》，《决策咨询通讯》2005 年第 6 期。

② 王慧珍：《从日本北九州生态工业园对比天津经济技术开发区生态工业园的建设》，《天津科技》2006 年第 5 期。

③ 陆利华、张克俊：《我国与国外高新科技园区比较研究》，《中国科技论坛》2007 年第 3 期。

更好地直面市场经济。最后，作者提议应创造有利创新精神传播的社会文化氛围，并不断完善知识产权保护的相关法律规范。[①]

丁明磊等基于区域网络创新的视角，对中国台湾新竹和内湖的科技园区的发展模式进行了比较研究，分析了这两类科技园区发展成功的核心要素，并探讨了政府和市场之间的平衡关系。作者认为，科技园的管理模式应能有效直面市场需求和促进区域经济发展，不应受到单一行政区域规划的限制，应结合所在区域的实际情况，把园区纳入区域整体发展布局中。另外，作者认为，政府应该调配资源为园区企业提供定制化的行政服务；应该重服务而轻管理，不能一味用"管制"的理念去发展园区，而应和园区共同参与和设计有效的发展策略。[②]

梁齐健（Leong，C. K.）在其实证研究中，比较了中国和印度园区的增长和发展路径，并质疑一个国家的园区数量的增加是否对经济增长有实质性影响。由于中国园区取得了巨大成功，印度开始借鉴并效仿中国的园区经济模式。但是作者认为，印度采取大规模建立园区这一策略并不会带来贸易自由化，相反会阻碍自由化的进程。促进经济快速发展的因素是更大规模的贸易自由化，而不是简单地增加园区数量。基于此，印度应慎重考虑大规模建立园区的计划，并更多考虑经济自由化。[③]

曹云在其研究中，对国家级新区的管理开发机制、产业集聚、空间功能和社会建设四个维度进行了详细的比较研究，对国家级新区的战略布局、行政机制、政策推行、定位功能以及核心竞争力等方面都进行了探讨，并辅以其他国家具有代表性的新区建设案例作为参考，

---

① 周英豪：《中美高科技园区发展模式比较及启示——以中关村和硅谷为例》，《企业经济》2010年第3期。

② 丁明磊、刘秉镰、庞瑞芝：《台湾新竹与内湖科技园区发展模式比较研究及经验借鉴——基于区域创新网络视角》，《中国科技论坛》2011年第5期。

③ Leong, C. K., "Special Economic Zones and Growth in China and India: An Empirical Investigation", *International Economics and Economic Policy*, Vol. 10, No. 4, 2013.

为中国国家级新区的发展提供了借鉴。[①]

中国国际扶贫中心（the International Poverty Reduction Center in China，IPRCC）和联合国开发计划署（the United Nations Development Programme，UNDP）2015 年发布的《中非园区比较研究》报告，从不同维度详细阐述了非洲和中国主要园区的发展。首先，该报告通过系列案例研究，列出了非洲国家和中国在跨境园区方面的合作以及取得成功的要素，比如政府的大力支持、政策和体制框架的搭建、基础设施开发和与当地经济的联系。其次，该报告阐述了中国园区的各种类型、空间分布、管理模式以及园区对中国经济发展的积极作用。最后，该报告就非洲园区发展如何向中国学习给出了翔实建议，同时也对中国在非洲建设园区的人员，如园区运营方给出了建议。该报告数据翔实，案例丰富，但是在"比较"不同园区方面的探索有限。[②]

国外学者的跨境园区对比研究中，Wahyuni 等比较了中国、马来西亚和泰国的园区，尝试为印度尼西亚的园区发展政策提出建议。他们建立了"园区竞争力模型"（SEZ Competitiveness Model），并通过三个变量——投入要素（自然资源、人力资源和基础设施）、政府角色、关联和支持产业评估园区的竞争力。研究提出，园区的成功需要稳定的政治环境和健康的市场机制，且园区的选址、周边的基建质量、园区内外的管理和各级政府的激励措施都是提升园区竞争力和吸引力的方法。此外，作者还指出优质的劳动力和"一揽子"投资政策的制定能营造良性投资环境。[③]

Nadea le Roux 和 Anculien Schoeman 从不同指标对南非、马来西亚和印尼的园区进行了详细的描述性比较和分析，这些指标包括园区所

[①] 曹云：《国家级新区比较研究》，社会科学文献出版社 2014 年版。

[②] UNDP/IPRCC：*The United Nations Development Programme（UNDP）and The International Poverty Reduction Center in China（IPRCC）*，2015.

[③] Wahyuni, S. , Astuti, E. S. , Utari, K. M. , "Critical Outlook at Special Economic Zone in Asia：A Comparison between Indonesia, Malaysia, Thailand and China", *Journal of Indonesian Economy and Business*, Vol. 28, No. 3, 2013.

有权、管理及制度安排、激励措施、一站式服务、有针对性的推广、园区类型和资金支持。作者发现南非在园区方案设计层面和其他两国并无太大差异，但是马来西亚和印尼都有园区成功运营的先例，而南非却没有。研究指出，南非推行园区项目的初衷是解决常年居高不下的失业问题和吸引更多外国投资，但南非不应该把园区视为促进经济增长的主要工具。虽然文章中作者对系列指标做出对比，但并未对南非园区的发展做进一步探讨。①

三 研究的局限性

通过上述文献梳理和分析，笔者发现现有园区比较研究有几个特点。第一，针对高新科技园区的比较研究较多，在本章分析的研究中占半数，且讨论对象范围较为集中，多为硅谷和中关村等知名度较广、成立时间较长的园区；第二，高新科技园区研究，所使用的理论依据多为三元参与理论，即围绕政府、园区企业、科研机构和高校三者的参与权重和职能进行讨论；第三，中国学者对于园区比较研究的贡献最大，且在时间维度上最广，从 2005 年开始陆续有研究成果，这也从侧面反映出中国园区发展的历史较长，园区研究范围较广；第四，大部分比较研究中，除硅谷外，都是对发展中国家的园区进行讨论；第五，政府角色及其转型在所有对比研究中都或多或少被讨论，这也印证了分析政府角色对园区发展影响的重要性。

上述研究中，虽然三元参与理论包含了政府，但理论上只适合用于讨论高新科技园区的发展模式，不能适用于广义的园区概念或其他园区类型。而其他研究中涉及政府职能的讨论，很少有明显的理论框架支持，主要是作为政策建议的描述性研究。基于此，笔者依然使用多边市场理论，尝试在此理论框架中，主要从政府、园区运营商和园

---

① Roux, N. L., Schoeman, A., "A Comparative Analysis of the Design of Special Economic Zones: The Case of South Africa, Malaysia and Indonesia", *Journal of Economic and Financial Sciences*, No. 9, 2016.

区企业三个参与要素，结合传统园区的区位要素对中国和南非两国园区特征进行比较。

第二节　比较原因和比较层面

一　比较原因

挑选中国和南非做比较主要有三个原因。第一，中国园区的发展历史相对较长，园区数量为世界最多，这意味着中国在园区发展的经验积累上，有足够多的成功或者失败的案例值得参考；第二，新南非政府和学界在不同情境下也倡导其园区发展多学习中国的发展模式，并探索自己的道路。新南非政府数次派其园区相关管理部门人员来华基于园区发展和管理运作进行交流；第三，目前中国和南非在南非建立三个贸易合作区项目提上议程，需要双方加强对彼此园区发展的认识和理解。

二　比较层面

本章对于园区比较层面的选择，可从五个层面考虑，分别是园区发展阶段和主要特点、经济表现、园区的空间布局和多边市场理论框架下的政府和园区运营商职能的比较。前三个是大多数园区比较研究中常用的标准，政府和园区运营商职能则是以多边市场理论为依据进行比较分析。

第一，对于园区发展阶段的梳理，可以更为全面地了解不同国家园区发展的历程和相关标志性事件，如主要政策的推行、相关法律的颁布等。对于园区发展脉络的清晰把握，可以让研究者或政策制定者更为准确地了解园区发展的现实，并为其未来发展做出可行性预测和建议。而对于不同国家园区发展阶段的对比，可基于彼此的历史发展经验，相互参照借鉴，取长补短。

第二，通过园区经济表现的量化指标，可以快速了解园区在国家经济发展中发挥的作用、为国家创造的价值，是较为直观评估一国园区发展是否良性的一个标准。对不同国家园区经济表现的比较，可以了解不同国家园区发展的规模、量级和差距。

第三，如第二章文献分析，地理经济学对集聚或园区的选址有较多讨论。反观现实，以中国为例，在园区的区位选择上有非常鲜明的阶梯式发展导向，即从东部沿海区域向内陆铺展。一个国家园区区位的布局，能准确反映该国的区域经济发展状况及经济发展战略布局。因此，园区的地理位置和分布特征应该被纳入比较体系。

第四，基于多边市场理论下对不同园区政府角色和转型的比较，可以较为直观地剖析政府在园区不同发展阶段的定位和职能，通过对其他国家政府在园区发展中所起到的积极作用的了解，可以从中借鉴一些有效方式和机制，并结合本国实际情况推行。同时，若有政府作用边界变化的参考案例，则在讨论本国政府对园区的行政管理和支持时，导向会更明晰。

第五，同样基于多边市场理论框架对园区运营商的比较，能定位不同国家的园区运营商在园区发展中的职责范围，明确其对园区发展的责任，同时能让园区运营商的发展策略和所在区域整体发展布局相呼应，促进区域经济发展。

第三节　中国和南非园区比较

一　发展阶段和主要特点

中国的各类园区是国家对外开放政策的产物。20 世纪 80 年代，中国政府看到其他国家因受到自由贸易区和出口加工区惠利促进了区域经济的发展，便开始尝试把园区模式引入中国。1981 年，中国在沿海城市成立首批经济技术开发区，从此，园区经济在中国获得快速发展。在过去 30 余年的发展历程中，园区经济经历了四次比较大的转型。1981 年，首批国家级经济技术开发区在沿海城市成立。1984 年将园区在沿海城市铺设以更有效率地推进对外开放，活跃区域经济。第一阶段（1984—1991 年）主要是试验阶段，将园区作为"试点"以检验国外区域经济模式在中国的可行性。第二阶段（1992—1999 年）为高速发展阶段，园区建设范围从沿海地区内伸至沿江和内陆地区，以平衡区域间的经济发展。第三阶段（2000—2002 年）为平稳发展阶段，园区覆盖的地理位置进一步向内陆延伸，顺应西部大开发战略，力求改变区域发展不平衡的加剧趋势。第四阶段（2003 年至今）为创新转型阶段。这一阶段园区出现了各种模式创新，比如"产城融合"、多元化投资等。[1]

中国园区在第一阶段的主要功能为"试点"，即检验在国外能促进区域经济发展的园区模式被引入中国后，能否加快对外开放的进程和促进区域经济的增长。[2] 该阶段园区引进的多为低技术含量的劳动密集型中小企业，基本不涉及技术转让或技术转移。第二阶段园区则侧重产业转型，弱化中小资本的地位，引进更多跨国企业，吸引大额度投资。第三阶段园区的设立主要为配合中国西部大开发，以求改变当时区域发展不平衡的趋势。在这一阶段，中国国家级开发区具备更为充足的经济发展基础、更完善的投资环境；其中部分发展较早、规模较大的经济技术开发区的功能也日益完备，从初始的单一工业园逐渐转变为集生产、生活、金融服务、旅游等于一体的多功能新区。此外，由于外部竞争日益激烈，国家级开发区在该阶段亦面临"第二次创业"的任务。[3] 2003 年至今，园区职能进一步转变，主要表现在六个方面：扩大对外开放程度并促进中国经济发展；承接跨国企业高科技、高附加值的加工制造与研发及服务外包的转移；凝聚高新技术产

---

[1] 金乾生：《开发区创新与发展》，经济科学出版社 2013 年版；张诗雨：《中国经济技术开发区产业创新研究》，中国发展出版社 2015 年版。

[2] 郑力璇：《试述中国开发区的转型与发展》，《经济问题》2011 年第 9 期。

[3] 金乾生：《开发区创新与发展》，经济科学出版社 2013 年版；韩玉刚、王丹丹：《中国开发区向综合新城转型发展研究综述》，《区域经济评论》2016 年第 3 期。

业和现代服务业的高素质人才；推动经济结构的调整和区域间经济的协调发展；促进所在区域的城市化和新型工业化进程；进行体制改革、科技创新，发展循环经济。① 在这个阶段，中国园区也出现了相较以往单一园区发展理念完全不同的创新模式——产城融合。

第一阶段至第三阶段是园区经济量变的过程，主要是以发展传统型园区为主，在全国各地复制成功的园区模式以促进地方经济发展和平衡区域间经济。从第四阶段开始，园区经济出现了各种不同类型的创新模式。这一阶段无论是政府在园区经济中的角色还是园区与所在城市的生态互动都有了非常大的转变。

南非自 1994 年以来，迫切需要解决前一届政府遗留的不同区域间日益加剧的失衡问题，如高失业率、经济增长缓慢和历史上的弱势群体缺乏各种机会和社会福祉。新政府的一项重要任务就是创造更多就业机会，同时应努力消除社会不平等。于是，新南非政府采取了一系列空间干预措施，以尝试解决上述问题。比较有代表性的措施，如前文所提，有 1995 年的空间开发项目、2000 年的工业开发区项目、2006 年的国家空间发展展望计划、2012 年的国家基础设施计划和经济特区。需要补充的是，新南非政府曾短暂考虑引入"出口加工区计划"（Export Processing Zones，EPZs），因为它被认为可能具有促进出口导向增长和发展实体经济的潜力，但最终该计划未能实施。工业开发区项目于 2000 年正式启动后，运营和发展一直差强人意，贸工部于 2012 年对该项目过去 12 年整体运营进行评估后，认为其并未达到设定预期。因此，南非已设立的五个工业开发区基于 2011 年提案的《经济特区法案》框架下被转型为经济特区。综上所述，南非的园区发展大致可以分为三个阶段：前期调研阶段（1994—2000 年），初步发展阶段（2001—2012 年），转型突破阶段（2013 年至今）。

南非园区发展的第一个阶段，主要侧重于评估园区项目的可行

---

① 金乾生：《开发区创新与发展》，经济科学出版社 2013 年版。

性，然后就园区的类型和选址等前期规划进行调研，以及对其他国家发展较为成功的园区进行实地考察。该阶段实际为园区的筹备和规划阶段，并无实体项目落地。2000 年，基于如美国、德国和中国等国家的园区发展较为成功的案例，新南非政府开始采纳园区概念，并先后在南非的国际交通中心、枢纽港口或毗邻区域建立了第一批工业开发区。第一批园区共四个，分别是库哈工业开发区、东伦敦工业开发区、理查兹湾工业开发区和奥坦博工业开发区。之后十年，南非再无新的园区设立。2012 年贸工部对园区运营的评估报告中指出，南非工业开发区的设计理念主要聚焦于园区内活动和入驻企业，而较少关注园区外的经济活动以及与外部环境的联系和互动。相较中国、新加坡和坦桑尼亚等国的园区，南非工业开发区对潜在投资者缺乏吸引力。① 这些限制导致该方案未能为外国投资创造有吸引力的投资环境，从而导致工业开发区的整体表现不尽如人意。基于此，新南非政府开始尝试新的园区模式——经济特区，并开始着手让现有园区和规划中园区朝经济特区转型。相较于上一个阶段的工业开发区发展目标，经济特区侧重于发展制造业和服务业打造核心竞争力；让园区的运行和发展有利于南非矿产和自然资源的开采；创造就业的同时促进中小、微企业以及合作社之间的合作，并促进技能和技术转让；促进南非区域发展及创造新的且有创新性的经济活动；完善工业设施，支持工业活动开展；吸引国内外直接投资。②

南非园区的发展阶段相较中国，每个阶段的持续时间更长，且有世界其他各国的成功园区案例可借鉴。但通过比较可以发现，中国园区发展的每个阶段皆有非常明确的目标，转型的目的是更好顺应中国国情和经济发展的诉求，是内生和自发的转型；而南非园区在长达 7

---

① Centre for Development and Enterprise, "Special Economic Zones: Lessons for South Africa from International Evidence and Local Experience", paper presented to the *CDE Round Table* Johannesburg, 19, June, 2012.

② Special Economic Zones Bill（Act No. 16 of 2014, pp. 9 - 10）.

年的前期部署后，在接下来的 12 年发展中依然不尽如人意，导致政府通过立法来"强制"转型。

二　经济表现

自 20 世纪 90 年代起，中国大力发展园区建设，并将其视为刺激区域经济增长的关键手段。经几十年发展，中国的园区数量、规模、发展理念等都位于世界前列。园区经济在推动中国经济发展和促进改革开放的进程中，扮演着不可或缺的角色。根据 2019 年 12 月商务部发布的数据，中国 219 家国家级经济技术开发区总体呈现较为稳定的发展，主要经济指标均保持同比增长。

至 2019 年 1—9 月，中国 219 家国家级经济技术开发区实现了 16 万亿元人民币的工业总产值，同比增长 8.5%；实现财政收入 1.6 万亿元，同比增长 7.9%，增幅高于全国平均水平（3.3%）4.6 个百分点，占全国同期财政收入的 10.5%；税收收入 1.4 万亿元，同比增长 5.4%，增幅高于全国平均水平（−0.4%）5.8 个百分点，占全国同期税收收入的 11.4%。实现进出口总额 4.4 万亿元（其中，出口 2.5 万亿元，进口 1.9 万亿元），同比增长 6.7%，占全国同期进出口总额的比重为 19.2%。实际使用外资和外商投资企业再投资金额 413 亿美元，同比增长 10.3%。①

反观南非，并未披露过所有园区详细的财政明细或经济表现，贸工部于 2018 年发布《经济特区咨询委员会：2017/18 年报》，对彼时南非运营的园区概况做了简要说明。表 4−2 显示，截至 2016—2017 财年，共有 70 家投资者在南非各个园区经营，投资价值为 96 亿兰特。2017—2018 财年末，投资者数量增加到 88 家，投资价值 155 亿兰特。有担保的非经营性投资者数量为 63 名，投资

---

①　商务部公共商务信息服务：《2019 年 1—9 月国家级经济技术开发区主要经济指标情况》，http：//ezone. mofcom. gov. cn/article/m/201912/20191202918921. shtml。

价值 340 亿兰特。至 2018 年 8 月，园区创造的直接就业岗位总数为 12380 个。[①] 4 个园区在财政年度通过出售土地、出租或向投资者提供服务而获得的总收入为 1.115 亿兰特，出口销售总额为 41 亿兰特。[②]

此外，最新数据显示，2018—2019 财年第一季度和 2019—2020 财年第一季度之间，南非园区的投资者数量从 110 家增加到 122 家，投资总额超 190 亿兰特。直接就业人数也从 2018 年的 13466 人增加到 15737 人。[③]

通过比较可以看出，南非的园区从数量、规模到创造的产值，与中国相比还有较大差距，且目前各个在运营的园区营收能力较弱，对财政支持依赖较重。虽然在 2019 年新南非政府对园区 2020 年的发展充满信心，但受新冠肺炎疫情影响，园区的整体表现和业绩指标很难达到预期。

三 空间布局

随着改革开放政策的逐步推进，中国园区的选址经历了由沿海城市到沿江再到内陆城市，由"点"到"线"再到"面"的过程。根据邓小平同志的建议，中国政府于 1984 年 5 月正式开放东部 14 个沿海港口城市，为了更有效率地推进对外开放并活跃区域经济，随后又在这些沿海港口城市设立了 14 个经济技术开发区。1992 年，为了推动中国边境地区的经济发展，开展双边经济合作，政府在部分边境地区设立了 14 个边境经济合作区；1992—1993 年设立了包括营口、长春、沈阳等 18 个第二批国家级经济技术开发区。很明显该阶段伴随

---

① 尽管前文中提及库哈经济特区 1999—2019 年创造了 120990 个就业岗位，但这些就业岗位包括长期和短期、直接就业和间接就业，表 4-2 统计的是所有园区创造的直接就业岗位数量，指自成立以来在该园区创造和维持的就业，且不包括建筑工作岗位数量。

② DTI, *Special Economic Zones Advisory Board Annual Report* 2017/18, Pretoria, 2018.

③ Mail & Guardian, "South African Special Economic Zones Programme: 2019", https://mg. co. za/article/2019-07-26-00-south-african-special-economic-zones-programme.

我国对外开放区域逐渐扩大，开发区地域分布也从沿海逐渐拓展至沿江和内陆地区。由于初始批准设立的开发区大多位于中国东部城市，这使得中、西部地区的经济发展相对较为落后。为此，中国于1999年开始实施西部大开发战略，以改善区域发展不平衡问题。2000—2002年，国家批准了合肥、郑州、西安、长沙等17个开发区。至此，国家级园区已延展至中西部地区省会城市。2003年至今各个区域园区数量都有增加，但区域分布相较前一阶段并无明显变化，目前园区发展主要侧重于政府职能的转变和促进产城融合。

截至2013年年底，中国共有国家级经济技术开发区210家，从区域分布上来看，东部地区103家，中部地区60家，西部地区47家。[1] 可以看出，2013年及以前，东部地区经济技术开发区增加较多，2013—2019年，东、中、西部地区经济技术开发区新增数量较为平衡。

南非园区选址策略在初期试验阶段（1984—1991年）和中国园区的初步发展阶段（2001—2012年）比较类似，都是在沿海港口城市或其邻近区域开始试点。南非第一阶段的四个园区中，库哈工业开发区、理查兹湾工业开发区、东伦敦工业开发区都位于或毗邻南非东南沿海的港口城市，且是重要交通枢纽；奥坦博工业开发区位于豪登省的坦博国际机场，该机场是非洲最大的机场，基础设施齐全，每年可吞吐40万吨以上货物和2100万余乘客。[2] 新南非政府在这些区域发展园区经济的目标非常明确，即服务出口制造业、鼓励出口行业和吸引外资。

2012年新南非政府认为上述园区并未达到预期效果，在解决就业、刺激区域经济增长、吸引投资和发展出口行业等方面都未能发挥积极效用，因而调整了园区策略，开始在全国范围内推行经济特区。

---

① 商务部2020年最新数据显示，目前我国共有219家国家级经济技术开发区，见 http：//www. mofcom. gov. cn/xglj/kaifaqu. shtml 。

② Mail & Guardian, "South African Special Economic Zones Programme：2019", https：//mg. co. za/article/2019-07-26-00-south-african-special-economic-zones-programme/.

经济特区的主要目的相较以往并未大幅调整，依旧以促进产业发展、刺激经济增长、解决贫困和就业作为核心要点。但是在空间分布上，如前文所述，结合南非历史，可以发现有两个主要特征。一方面，园区的规划、布局和南非的黑人家园以及南非 2006 年国家基础设施计划中提及的 23 个基础设施建设极为滞后而且经济发展极其缓慢的贫困区域高度重合，远离南非现有的各个经济活动节点。这些区域远离市场，基础设施不完善并且劳动力技能水平有限。

另一方面，南非的园区空间布局策略表面上和中国类似，都是从东南部沿海区域延伸到内陆区域；但就其内在部署机制分析，南非园区建立是为了解决区域性贫穷和高失业率问题，并提升区域基础设施建设。这和中国园区部署的策略有质的区别，中国园区向内陆布局是服务西部大开发战略，园区数量上也逐年递增，且园区的作用是助力区域经济平衡发展，所以园区的选址都毗邻或位于中国各个经济节点。南非园区则为贫困区域并行建设的方式，在分布上优先考虑最贫困的区域，以解决贫困和创造就业为首要优先级，但并未考虑园区周围的配套服务设施、劳工质量和软环境等要素。通过分析南非的园区、规模较大的产业集群、区域集群和企业发展中心的规划布局，可以很明显发现，南非除了发展园区经济外，还采用不同空间经济干预手段和措施刺激区域经济发展，推动再工业化进程。在这些规划的整体布局上，对比南非班图斯坦区域和最贫困的区域，可以看到这些最不发达的地区获得的规划关注是最多的。

四 政府职能

中国园区经济发展较早，如前文讨论，经历了传统型园区、平台型园区和生态型园区等不同的园区形态演变过程，且现在三种园区形态在中国国家级新区中都同时存在，但都在向平台型和生态型园区转变。政府职能在三种园区形态中也各有侧重。

20 世纪 80—90 年代为中国园区发展初期阶段，国家和各级政府主导的园区运营模式赋予工业园区自主权和不同类型产业扶持优惠政策。政府在早期传统型园区的建设过程中起主导作用，且园区从前期规划、中期运营到后续发展基本都由政府投资，同时其行政管理职能由政府承担，也就意味着政府对园区建设和发展可进行强势干预。1984—2003 年中国设立的绝大多数园区都采用这种政府主导的运作模式：政府独资、包办和主导。该类型的园区运作方式通常为：一套班子挂两套牌子，一块为国有性质的园区建筑和管理公司，一块则是园区管委会。纵观中国园区发展史，从早期的深圳蛇口工业区、北京新技术产业开发区（现中关村）到 21 世纪初伴随西部大开发战略批准设立的 17 个开发区，其建设和发展无一不是由政府全程主导加运营。

传统型园区中，政府的职能很明显，即充当"全功能"角色：既负责园区开发初期的设计、规划和招商引资等事宜，也负责向园区提供社会服务和各种软硬件配套设施，同时也承担指导园区经济发展、直面竞争市场的战略指导。

平台型园区是中国在传统型园区基础上，放开政府主导的创新性产物。一些园区开始引入第三方机构来单独承担园区的管理和运营，政府不再干涉园区内的经济活动，让园区发展更符合市场规律。中国目前有一批企业专注于不同类型园区的开发和管理，比如泰达、启迪和华夏幸福等。

平台型园区形态下，政府主要参与园区的规划和土地批准，在园区成立之初，就确定园区内入驻企业和配套服务企业类型，致力于吸收当地更多优质企业成为园区的一部分。接下来则由园区运营方搭建平台，政府则褪去其以往在园区发展中扮演的多元角色，回归为平台型园区中入驻企业提供相应社会服务和配套基础设施的行政职能。在中国，带有明显平台属性的园区有苏州工业园、两江新区和舟山群岛新区等。

经历了平台型园区模式下园区生产和生活区域的互通、政企职能的有效分割以及园区土地功能的多样化及完善的产业链及配套服务升级后，中国园区开始进化成生产和生活空间相互交合重叠的多功能复合型生态城市，完成产城融合的发展过程，其形态演进成生态型园区。在这其中，政府职能再一次转型，以便更好地服务园区和其他功能区内的产业和人民（见表6-1）。产城融合在当今中国是进行时，包括前文提及的苏州工业园都在积极从平台型园区向产城有机融合的生态型园区转型。众多园区中，天津滨海新区的产城融合和生态型园区建设是比较成功的。

表6-1　　　　　　　　中国不同园区经济形态下的政府职能对比

	传统型园区	平台型园区	生态型园区
政府职能	政府统一聚集调配资源 政府主导建设和开发 行政干预较强	初期进行指导和规划 委托第三方管理园区 提供相应社会服务和 配套基础设施	在园区概念下发挥公共管理和部分经济职能，促进"产"的发展 负责城市规划，侧重于生态体系的搭建和维护职能，完成"城"的建设
代表园区	深圳蛇口工业区 中关村国家创新示范区	苏州工业园 两江新区 舟山群岛新区	天津滨海新区

南非园区发展进程中，政府所发挥的职能基本符合中国传统型园区下政府的职能范围，但在部分园区又同时具备平台型园区下政府职能的部分特征。

如表6-2所示，南非现有的10个园区中，除穆西纳—马可哈多经济特区、恩科马齐经济特区和马卢蒂经济特区还处于整体规划布局阶段，由南非各级政府机构直接主导园区管理外，其他7个园区都有各自的管理机构。不同于中国园区发展初期采取的"两块牌子一套班子"管理机制，这7个园区都由新南非政府指定的第三方独立机构进行管理，且这些机构人员不同时在政府部门任职。若单就园区运营商的独立性而言，南非园区的管理模式带有明显的平台特征——政企分离，有独立的园区运营商管理园区的开发和发展，政府相关机构负责管理各类行政事务。

但是，若分析上述 7 个园区运营商的企业性质和背景，可以发现它们无一例外都是由国有企业，中央、省级和地方三级政府的不同部门分摊，并实施综合管理。同时，由于目前园区还没有盈利能力，严重依赖政府资金的支持，这导致政府实际对园区运营和发展有相当强的话语权，基本主导着园区的发展方向。以库哈经济特区为例，前文提及，库哈发展公司根据不同项目花费进行申报，贸工部再逐一审批，行政程序烦冗，审批流程缓慢。因此，政府虽然在大部分园区设立了三方机构，但由于这些机构或企业都为国有，本质上还是受新南非政府管理，属于政府的"分支机构"，获得的自主管理权限有限。

这样看来，南非园区的管理模式中，行政机构和管理机构分开的机制符合平台型园区特征，但在实际运营和管理机制上并未脱离传统型园区管理模式的范畴。

表 6 - 2　　　　　　　　　　**南非现有园区管理主体信息**

园区名称和地理位置	园区管理企业/机构	是否为独立第三方机构	企业性质和成立背景
亚特兰蒂斯经济特区 西开普省	绿色开普 GreenCape	是	国有企业 西开普省政府和开普敦市政府联合设立
库哈经济特区 东开普省	库哈发展公司 Coega Development Corporation（CDC）	是	国有企业 两套行政管理体系 一套为东开普省政府及其下属的经济发展、环境事务和旅游部，另一套为南非贸工部以及纳尔逊·曼德拉湾市政府
理查兹湾经济特区 夸祖鲁－纳塔尔省	理查兹湾工业开发区管委会 The Richards Bay Industrial Development Zone（RBIDZ）	是	国有企业 夸祖鲁－纳塔尔省所有

续表

园区名称和地理位置	园区管理企业/机构	是否为独立第三方机构	企业性质和成立背景
东伦敦经济特区 东开普省	东伦敦工业开发区管委会 East London Industrial Development Zone（ELIDZ）	是	国有企业 由东开普省政府及其下属的经济发展、环境事务和旅游部与布法罗市（Buffalo City Metropolitan Municipality，BCMM）共同所有 贸工部提供资金支持
萨尔达尼亚湾经济特区 西开普省	萨尔达尼亚湾工业开发区管委会 the Saldanha Bay Industrial Development Zone（SBIDZ）	是	国有企业 由西开普省政府下属经济发展和旅游部（Department of Economic Development and Tourism，DEDT）监管
杜贝贸易港经济特区 夸祖鲁-纳塔尔省	杜贝贸易港公司 Dube TradePort Corporation（DTPC）	是	国有企业 夸祖鲁-纳塔尔省的经济发展、环境事务和旅游部监管
奥坦博经济特区	奥坦博经济特区管委会 OR Tambo Special Economic Zone（OR Tambo SEZ）	是	国有企业 豪登省工业开发区公司（Gauteng Industrial Development Zone Company，GIDZ）创立，该公司是豪登省增长与发展署（Gauteng Growth and Development Agency，GGDA）的子公司。GGDA也为国企，是豪登省政府下属经济发展部（Department of Economic Development，GDED）成立的企业
穆西纳—马可哈多经济特区 林波波省	穆西纳—马可哈多经济特区管委会 Musina-Makhado Special Economic Zone（MMSEZ）	否	规划中

园区名称和地理位置	园区管理企业/机构	是否为独立第三方机构	企业性质和成立背景
（恩科马齐经济特区）普马兰加省	恩科马齐经济特区管委会 Nkomazi SEZ	否	规划中 由普马兰加省经济增长中心（The Mpumalanga Economic Growth Agency，MEGA）、南非贸工部、南非工业发展公司（IDC）、普马兰加省经济发展和旅游部（Economic Development & Tourism，Mpumalanga Province）、埃赫泽尼区市（Ehlanzeni District Municipality）以及恩科马齐市（Nkomazi Municipality）共同管理
马卢蒂经济特区 自由州省	马卢蒂经济特区管委会 Maluti-A-Phofung Special Economic Zone（MAP SEZ）	否	规划中 贸工部资金支持 自由州省政府主导

资料来源：作者整理。

五　运营商职能

如表6-3所示，中国园区发展初期的运作方式为"一套班子、两套牌子"，由政府指派人员入园管理运营园区开发，并同时管理园区企业以及园区管委会两类机构。但园区经济发展面对的是激烈的市场竞争，随着全国经济一体化程度加深，由政府全权主导的园区运营模式难以适应园区的发展。因此，政府逐渐退出园区的开发和管理，开始转型为规划和服务性角色来行使其管理职能，让有园区运作经验的机构来承担企业管理职能，实行政企分离。园区运营商在这个阶段的主要职能除了取代以往的园区管委会进行招商引资和土地开发外，还需要促进园区企业的融合和优化产业架构，并串联和加强园区不同模块间的交互，使园区更具市场竞争力，实现盈利。

而到了产城融合阶段，园区运营商则需具备"规划者"思路，除了担任平台型园区下运营商的各种职能外，还需规划和发展园区与其外部生态的关系。因为在产城融合概念下，园区是所处区域的一个能与其他功能区链接且相互渗透的单位，必须要与整个城市群落体系相互呼应、彼此连接、互为依存。同时，运营商依旧负责园区的经济发展。

表6-3 中国不同园区运营商职能对比

	传统型园区	平台型园区	生态型园区
运营商职能和特点	"一套班子、两套牌子" 政府同时管理园区企业以及园区管委会两类机构	第三方机构行使企业管理职能 招商引资和土地开发 促进园区企业的融合和优化产业架构 促进园区不同模块间互动	产城融合 规划和发展园区和其外部生态的关系 呼应城市群落发展需求
代表园区	中关村国家创新示范区	苏州工业园	天津滨海新区

如表6-2可知，虽然南非现有各园区运营商都是独立机构，能参与招商引资、土地开发等活动，但并不具备独立管理园区和自负盈亏的能力。因此，就现阶段而言，这些园区管理机构还不具备平台型园区运营商的特征。

南非园区的运营企业职能比较单一，并且限制较多。第一，园区运营商在目前严重依赖政府拨款，没有盈利能力，财政不能独立。因此，园区运营商在园区发展策略上的话语权会受到一定程度的制约，具体体现在每一个项目的审批、大小工程的预算、签约的任何园区企业都要经过层层审批和讨论，时间周期长且回复效率低。如果没有充足的资金支持，再好的发展策略也只是纸上谈兵。第二，园区运营商的国企背景也限制了其有效行使企业管理职能。中国园区运营商的自主权较高，政府则主要侧重于提供公共服务。和中国园区的运营理念不同，新南非政府并未真正下放足够权力给园区运营商，新南非政府对于园区运营商的定位是行政体系的分支，而不是基于园区发展框架下平等、合作、共赢的关系。第三，南非对其园区项目期望赋能多重，希望通过园区经济的发展缓解或解决一系列问题——贫穷、就业、吸引投资、发展区域经济、扩大进出口、完善基础设施建设等。基于园区目标多样这个前提，园区运营商对其发展重心难免失焦。比如库哈经济特区，在就业培训体系和职业技能提升这一方面取得了瞩目成绩，从创立到 2019 年共创造超过 12 万个就业岗位，培训超过 10 万人，但依旧没有自负盈亏、创造利润的能力。

第四节　比较研究发现

通过对上述五个层面的参照对比（见表 6－4），可以从园区经济发展较快的中国反观南非园区的发展，并对两国园区形态和发展的异同点进行进一步探讨。

表 6－4　　　　　　　　　南非和中国园区发展对比

比较层面	南非	中国
发展阶段	1. 前期调研阶段（1994—2000 年） 2. 初步发展阶段（2001—2012 年） 3. 转型突破阶段（2013 年至今）	1. 试验阶段（1984—1991 年） 2. 高速发展阶段（1992—1999 年） 3. 平稳发展阶段（2000—2002 年） 4. 创新转型阶段（2003 年至今）
经济表现	园区尚无法自负盈亏和产生盈利	对国家整体经济发展有巨大贡献
空间布局	最早四个园区都在港口或交通枢纽 主要覆盖全国最贫困和落后的区域 和班图斯坦区域高度重叠 大部分园区远离现有经济活动节点	"点"—"线"—"面" 从沿海到内陆发展 从东到西阶梯式铺陈 与中国各个经济活动节点紧密结合

续表

比较层面	南非	中国
政府职能	全程主导园区发展，提供资金支持 指派第三方机构管理园区，机构都为国企 带有平台型园区"面具"的传统型园区政 府角色	1. 传统型园区：多重角色，主导 发展 2. 平台型园区：政企分离，提供公 共服务为主 3. 生态型园区：助力"产"的发展 和主导"城"的建设
运营商职能	1. 职能单一，依赖拨款 2. 隶属于政府的园区管理机构，被动回应 政府要求 3. 赋能过多，难以聚焦	1. 传统型园区：行政和企业管理都 由政府完成 2. 平台型园区：第三方机构行使企 业管理职能，主导园区发展 3. 生态型园区：规划和发展园区与 其外部生态的关系，同时发展园区 经济

首先，如果把园区发展的三种形态——传统型园区、平台型园区和生态型园区结合两国园区的发展阶段来看，目前南非园区的发展阶段类似中国园区发展的第一阶段。新南非政府虽然意识到引入第三方园区管理机构的重要性，但是却未深入思考园区管理机构和政府在园区发展中的关系。这种关系应该是"合作互补、彼此呼应"，而不是把园区运营商当作行政级别较低的下属部门。因此整体来看，南非园区的发展还是由政府主导，园区运营商虽然参与招商引资和土地开发，但因为没有行政审批权和财务不独立等原因，在决定园区发展策略方面的话语权不高。

其次，可以看出中国政府对园区的发展规划相对较明确，且支持力度大。由于中国园区发展较早，积累的经验丰富，园区发展体制机制完善，在园的职能规划上比较清晰。而新南非政府赋予园区太多功能，很有可能成为阻碍园区有目的有重点发展的一个瓶颈。

最后，南非在处理政府部门和园区运营者关系时，可以参考平台型园区模式下中国政府和园区运营商的协作机制，尝试赋予园区运营商更多财政独立的可能和更多独立决策的权力，同时政府应逐渐回归提供公共服务和监管职能的角色。

第五节　本章小结

本章采取比较研究法，基于现有园区比较研究、文本和数据分析，从园区发展阶段、经济表现、空间布局、政府职能和园区运营商职能五个方面对中国和南非园区进行比较。

通过比较，笔者发现尽管两国的政治、经济、文化、历史等大背景迥然各异，但在园区发展和演化的路径上，中国园区发展的成功经验对于南非来说有很多方面可以借鉴。新南非政府应意识到，政府在园区建设和发展中应该发挥的职能是提供公共事务支持和监管园区内外部营商环境，而不是在设立了独立管理机构后，依旧采取传统行政手段"管理"园区运营商。政府在园区发展中需要扮演的重要角色是"由主导到服务"，而不是在园区发展 20 年后，依旧扮演着"主导者"。

通过中国和南非两国园区的比较，南非可以更清晰地追踪园区发展和转型的各个阶段，定位园区发展的参与方在不同阶段的职能，明确园区所应承载的功能，为园区转型做好准备。

第七章

南非园区发展建议

在第四章和第五章，笔者梳理和分析了南非园区整体面临的挑战和南非最早且相对发展势头最好的库哈经济特区所遭受的发展问题，这一章尝试对这些挑战和问题给出建议。

本章首先使用多边市场理论，从理论层面对政府和园区运营者的角色给出建议，以及基于该模型制定一个灵活的定价策略，以帮助南非园区政策制定者思考如何激发园区企业互动和促进园区产业集群形成。其次，通过总结全球园区发展实践经验的梳理，为南非园区提供更多可参考和借鉴的实例。最后，基于南非的产业结构和园区合作模式，对南非园区产业发展和跨国合作的可能性做出探讨。

第一节　基于多边市场理论建议

多边市场理论框架下，园区发展较为理想的状态是园区运营者独立于政府体系，可以是政府聘请的拥有成熟管理园区经验的第三方机构。如前文所提，在园区形态发展比较成熟的国家，政府可以通过提供资金作为股本入股加入园区项目公司，但不能直接参与园区的土地规划、建设开发等直接经营和管理活动，这些活动应由园区经营者主导完成。

虽然政府没有直接参与园区的建设和运作，但应激励园区平台运营方优化投资的硬环境和软环境，吸引更多企业，使园区平台的网络外部性逐渐形成并不断扩大。在园区发展的不同阶段，园区运营者所充当的角色和面临的挑战也有所不同。对于南非园区来说，通过上一章和中国园区发展的比照，可以发现其处于由传统型园区向平台型园区转型阶段，这也意味着新南非政府应该更积极思考政府和园区参与者的职能和分工，并基于平台经济的三个特征思考如何解决现在的问题并谋求园区的可持续发展。

一　搭建良性互动的园区平台

对园区平台运营者而言，其最核心职责是为投资者创造一个良好的且有良性互动的营商环境。营商环境的稳定和优化直接关系到园区内的交易总量，并为潜在的入驻企业提供更多信心。平台的运营者有责任监督园区内的服务水平和监管产品质量，为园区企业之间的交易尽可能创造便利条件，从而降低交易成本，提高交易效率。此外，园区平台经营者本身也期待获得更高利润，而最好的策略是增加平台上的交易总量，鼓励积极的竞争，创造良性互动。良性互动的前提是园区内的经济生产活动拥有安全保障。虽然政府可以在初期调拨警力维持园区的安全建设和生产，但园区运营者应开发自己的安保系统，原因有二：一是为了缓解政府的行政资金和资源的调配压力；二是为了创造更多的就业岗位。

高效的服务环境也必须纳入考量范围。如果园区服务的提供者都是政府及其下属行政单位的话，在一些腐败贿赂指数较高的发展中国家可能会被解读为"官僚主义"，事实证明在某些案例中，确实存在贪腐行为，这对园区的发展是不利的。如果雇用第三方机构或私营的专业园区运营咨询企业（可以是园区运营者本身）代替政府部门承担提供服务的职能，可以预想，园区的运营会更少受官僚主义和冗杂程序的束缚，激发更多经济活力。这里可以明晰政府在创造良性营商环境中的作用：从宏观上协助园区发展，集中力量改善社会福利，优化市场环境，以及提高行政审批效率等。

二 积极思考园区参与者角色

不管是前文对现有研究的梳理还是笔者的实地调研，都能观察到在管理园区的发展方面，南非各级政府的行政效率、管理能力、审批流程和支持力度，都存在一定程度的疏忽和缺失。南非各园区虽然都有独立运营管理机构，但都为政府斥资成立，且资金皆由政府供给，其本质还是由政府主导和控制，这与中国早期传统型园区形态下"一套班子、两块牌子"的园区管理模式并无本质上的区别。

多边市场理论为南非园区治理模式下政府和园区运营者定位模糊的问题提供了一个很好的借鉴思路，即"政企分离"。同时，运用该理论，可以对新南非政府和园区运营者各自承担的权限和发挥的功能有比较清晰的划分。

图 7-1 展示了目前南非各级政府相关部门参与的园区管理体系和主要职能，可以看出，在该体系中园区的经营实体即园区运营者的权限最低、管理层级最低。这表明政府和园区的关系并非"合作"而是"管理者"和"被管理者"。从前文讨论可知，无论是地方官员，还是园区经营企业员工，乃至不同学者，都认为南非园区存在政府管理机构过多、管理体系臃肿、行政效率过低、职责认知不明确等问题，这些问题对园区各项事宜的有序推进形成了极大阻碍。

就目前南非园区发展实际状况而言，园区运营者和政府都应明晰其角色边界。政府有责任为园区提供各类公共物品和服务，有些是初期或者短期的，比如招商引资指导、规划改造等；有些则是长期且持续的，如公共安全、消防报警系统、教育及相关设施、电网和水资源等。而园区运营者则应具备市场导向需求，而不是被动回应政府的行政管理要求，同时应对园区的产业集群发展和核心竞争力提升有明确规划。因此，园区运营者不是一味地协助政府，而是承担更加面向市场的角色。园区运营者可定期行使一些政府职能，比如土地使用定价和对园区生产安全进行监管等，这能极大提升园区管理的灵活性和便利性。

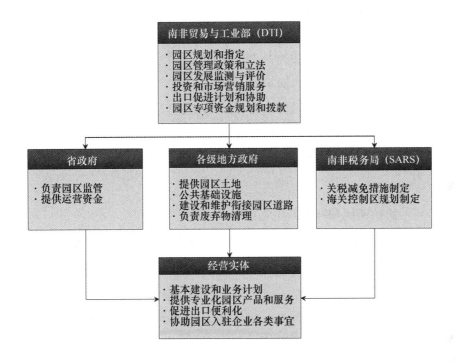

图 7 - 1 南非园区行政管理体系

资料来源：笔者根据官方信息绘制。

平台型园区后的转型，南非可以参考"产城融合"模式，即园区成为所处城市群落的一个有机组成部分。这种模式强调园区与外部环境之间的生态互动。在多边市场理论下，政府的职能被削弱，园区的运营者被授权在园区内鼓励和推广相关措施，来推进园区企业履行其社会责任，其中就包括积极开发各种绿色环保项目、减少排放、打造绿色生态生产体系等。简而言之，即园区的经营方应该担负起让园区可持续发展的角色，不断优化园区布局和土地的有效使用空间，减少环境风险。

园区基于其原始经济属性，开始有意识地延展其属性，让这些新的属性更好地融入园区所属的城市群落的生态体系，进而帮助园区和其他城市或区域模块产生良性的外部互动，使其产业结构与所处区域或城市的就业结构、消费结构相互呼应，促进区域经济生态的发展。因此，产城融合可以让园区作为整个城市或区域群落体系的一个有机模块，让园区和其他功能模块彼此渗透，遥相呼应，同时互为依存。这其实和南非园区发展的初衷是一致的，南非园区的一个重要使命是解决当地就业率偏低的问题以及带动当地经济发展。如果园区和所处城市体系互动更频繁且内生成长于城市体系，则园区能实现国际化和本土化双重发展，对增强区域经济活力有极大助力。

三 维护园区和区域间生态平衡

园区平台运营者也应该设法维护企业和其周边区域环境之间的生态平衡。这里的"生态平衡"可以分两层含义解读。"生态平衡"的第一层解读为，在多边市场理论下，政府的职能被削弱，园区的运营者被授权在园区内鼓励和推广相关措施来推进园区企业履行其社会责任，其中就包括积极开发各种绿色环保项目、减少排放、打造绿色生态生产体系等。简而言之，即园区的经营方应该担负起让园区可持续发展的角色，不断优化园区布局，减少环境风险，有效且环保利用园区空间。

第二层解读指的是突出园区本身与外部环境间的生态互动。生态的形成是不同区域环境相互影响作用的结果。[①] "生态平衡"也可以理解为，园区基于其原始经济属性，开始有意识地延展其属性，让这些新的属性更好地融入园区所属的城市群落的生态体系，进而帮助园区和其他城市或区域模块产生良性的外部互动，使其产业结构与所处区域或城市的就业结构、消费结构相互呼应，促进区域经济生态的发

---

① Feld, B., *Startup Communities: Building an Entrepreneurial Ecosystem in Your City*, New Jersey: John Wiley & Sons, 2012.

展。因此，"生态平衡"可以让园区作为整个城市或区域群落体系的一个有机模块，让园区和其他功能模块彼此渗透，遥相呼应，同时互为依存。

四　灵活制定园区定价机制

虽然南非现行园区发展实质是由政府主导，但基于多边市场理论，由专业的园区运营者对园区进行规划管理是一条可行路径。这些机构立足市场，也更能灵活运用各种经济手段来促进园区发展。南非园区运营者虽然都是第三方机构，但其国有性质和有限的管理权限使得其发挥的作用有限，在严重依赖政府资金维持运营的现阶段几乎不可能快速达到自负盈亏，盈利则更难实现。尽管如此，对园区内部定价机制的制定有较大自主性，可以优先考虑。定价机制可以针对企业质量、数量、园区土地和设施等。比如合理的园区经济手段，如租赁、股份、债券、地价、地税等，能有效促进园区土地资源的优化配置，同时也能开发园区运营者的盈利能力。

园区平台上的交易量主要取决于园区企业的生产能力和经营状况。对园区企业收取土地租金，有利于刺激园区企业提高土地利用效率，进而增加经济园区内的交易量。同时，于运营者而言，这些租金可以补贴其在土地开发和基础设施建设的早期投资。园区运营者可以根据自身实际情况，向园区内企业征收各类费用：水电供应费、安全保障费，甚至住宿费等。

园区定价机制的有效度和灵活度，很大程度上是由运营者能否使用一个清晰的定价体系所决定的。定价机制可能受到多种因素的综合影响：对于企业，其需求价格弹性、跨园区的网络外部性以及创利能力会影响其缴纳的费用价格；对于运营者，不同园区之间的竞争、选址、生产设施、服务体系和营销策略等也会影响价格。接下来以土地使用费用为例，基于多边市场理论搭建定价机制模型。

（一）基于企业类型的土地定价策略

土地的价格并不是一成不变的。首先，经营者可根据企业类型和入驻的时间调整租赁价格，制定土地转让价格和税收优惠政策。其次，还可评估不同时期企业的潜在收益来做价格调整。因此，企业类型、企业网络外部性以及园区企业间的互动是在制定土地定价机制时，需要考虑的三个关键因素。

上游企业、下游企业和服务类企业是园区平台体系中最重要的构成部分。从理论上讲，建议向上游企业收取较低土地租金，因为这些企业（或上游企业中的核心企业）是一个园区赖以成型的关键。这些企业往往具有某一行业的核心技术，或拥有雄厚财力，或在行业享有盛誉，或兼有之。举个例子，在一个以汽车制造为主导的园区内，比如库哈经济特区，应存在两类上游企业，一类是原始设备制造商，另一类是组件或零部件制造商。原始设备制造商比第二类企业更为重要，因为这些企业控制着汽车工业的主导技术和技能，其核心竞争力难以模仿。基于多边市场理论，建议对下游企业和服务类企业征收相较于上游企业更高的费用。因此，如果园区经营者倾向于收取的土地使用费总额为 T，则应当收取：

$$T = P\ (U + S + D) \tag{7-1}$$

其中，U、S 和 D 分别表示上游企业、服务类企业和下游企业的数量，P 表示租金价格。这里讨论的是基于多边市场理论的普遍方法，而不是最优策略。

（二）基于网络外部性和互动性的定价策略

企业带来的网络外部性和互动性是影响园区经营者定价决策的另外两个关键因素。跳出式（7-1）中的三种企业类型，定价策略往往有利于能够带来强大的跨园区网络外部性的企业。这首先意味着这一类园区企业可以吸引有资格的关联企业加入，并对园区的可持续性发展和刺激经济生产带来有利影响。其次，强大的外部性可以助力完整的产业链发展，进而让园区发展成为一个特定的产业聚集，增强其竞争力。如前文所提，上游或下游企业都能带来强大的外部性，促进区域企业之间的互动。除此之外，与上游或下游企业紧密联系的服务企业也可以发挥强大的外部性。这里还以汽车制造园区为例，展区、食堂、洗车中心、汽车测试线为制造商和经销商提供服务，这些企业是连接整个产业链不可或缺的单元模块。汽车测试线，由于其规模大、技术壁垒高，能吸引上游或下游企业落户，被确定为园区核心企业之一。基于式（7-1），园区经营者应向下游企业中的汽车装配商和经销商收取更高的租金，但在这种简单的定价模式下，他们所能带来的外部性则容易被忽略。

那么，假设区域内有两种类型的企业，笔者用 C 表示企业租用的园区土地总面积。企业类型 a 具有外部性，可以促进区域企业间的互动，另一类企业 b 没有外部性。如果园区经营者不考虑使用多边市场理论制定收费策略，a 类企业的外部性就会被忽略。这时的定价策略可以简单表示为：

$$TR_1 = AP + BP \tag{7-2}$$

如果 TR_1 是指按租金收取租金的园区经营者的总收入，则 A 和 B 分别表示 A 类和 B 类企业租用的土地面积（$A + B = C$），P 是土地租金价格（通常按每平方米收取租金）。在这种定价机制下，园区运营者没有考虑区域企业之间的外部性和潜在互动，因此园区平台是一个单边市场。

如果园区运营者引入多边市场模型来制定策略，那么企业可分为两类：有外部性的和无外部性的。假设租用区域保持不变，则等式为：

$$TR_2 = AP_a + BP_b + R \tag{7-3}$$

在 TR_2 为园区运营者总收入的情况下，P_a 和 P_b 分别表示 a 类和 b 类企业的土地租金价格，因为 a 类企业具有外部性，因此能够促进园区企业之间的相互作用，甚至吸引更多强关联企业入驻，所以 $P_a < P_b$。R 是园区企业在税收收入、就业和人才方面的互动和交易给园区

运营者带来的收益。基于式（7-2）、式（7-3），可得出：

$$R > A\ (P - P_a)\ +\ B\ (P - P_b) \tag{7-4}$$

这表明，外部因素和园区企业之间的交易创造的收入，大于从 a 类和 b 类企业收取的土地租金总额，a 类企业的土地租金降低，而 b 类企业的土地租金增加或保持不变。可能会有声音指出，b 类企业不愿意支付比以往更高的租金。但由于园区企业的紧密关联，它们可以从 a 类企业的强外部性和园区企业间的交易中获得收益。在中国园区发展实践中，P 与 P_a、P 与 P_b 之间的差异，可以利用土地使用优惠政策进行调整，常以土地补贴的形式表现。

因此，具有较强外部性或是与园区以及园区外部企业互动活跃度高的企业，应该是该定价策略首要考虑的对象。这种策略可以解释在当前的中国园区中，运营者收取租金往往主要考虑企业的质量而不是数量。相反，南非园区现行收费机制是按企业生产经营活动所占实际面积来计算土地使用费用。在同样地理环境下，完善的基础设施、良好的服务和相关产业的紧密联系，可能使得区域内固有的土地增值。同时，平台的网络外部性增强、园区企业间交易量的增加，可以带来更大的土地增值空间。与传统的土地租赁方式相比，灵活的园区土地租赁定价策略，可以帮助经营者和企业共同实现利润最大化。

然而，由于跨园区网络外部性的存在，园区经营者必须对潜在园区入驻企业的业绩及其外部性进行评估，因为任何一类企业的正外部性或负外部性都会对其他类型企业的需求和总交易量产生重大影响。基于此，园区运营者应基于园区产业需求招聘高资质企业，建立潜在企业识别评价机制，为园区企业制定不同的定价策略。在招商引资阶段，平台运营者的首选应是具有较强驱动力的大型上游企业和具有较强网络外部性的优质服务企业，然后以这些企业为核心吸引下游企业入驻。这些企业在其领域内有强大的号召力和吸引力，对园区经济增长的贡献能远远超出它们某个产业的经济增长。园区与三类企业相结合形成的产业吸引力，是传统型园区实现优化和转型的关键。以往政府在园区发展的过程中都是扮演主导性角色：在从规划到发展园区，再到邀请企业的各个阶段都呈现掌控者姿态，也因此出现了行政程序冗长、贪污贿赂等问题。所以产业吸引不是依靠政府引进投资，而是以产业中的一些核心高资质、外部性强的企业为基础，吸引三类企业进入。根据这一战略，政府的角色将从管理者转变为园区的"助力者"，这也是多边市场理论下政府的真正定位。

五 多边市场理论框架反思

虽然有研究证明了多边市场理论能对中国园区的演进路径和转型机制进行有效解释，但是本书在梳理南非的园区发展路径时，发现所提出的挑战和问题并不能都用一个理论全盘解释。主要有两个方面的原因。

一方面，南非园区设立背景复杂、承载功能多样，在"襁褓"之中便被赋予多重使命。这些使命和其历史脉络、社会结构、空间发展、政治体系等众多要素纠缠在一起，使得在分析园区经济时，不能只是借助单一的经济学理论或管理学理论来进行探讨，而需要聚焦在可被该理论解释的、逻辑自洽的范围内。但是，如果这些问题或挑战来源于一个国家宏观且深层次的社会和历史背景时，则该理论发挥的作用有限。比如南非工会势力强大和劳动法过于倾向对劳工权益的保护、在园区内实行和外界并无两样的劳动法律法规使得投资者（雇主）在进行薪资议价和员工管理时会过于被动，这个问题需上升到国家政治和法律体系层面，无法在一个经济学理论模型中得到圆满解决。

另一方面，多边市场理论为基于园区发展来分析新南非政府和园区运营者提供了一个全新的视角和较为丰富的理论脉络，且为下一步南非园区转型策略提供了一个较为清晰的思路，这也是本书的主要创新之一。但目前南非面临的高失业率、过多贫困人口、大多数区域基础设施发展滞后以及新冠肺炎疫情带来的全球经济低迷等因素共同制约着南非园区经济的发展。这些不可抗拒力的影响也很难用多边市场理论解释。

南非园区有和其他国家园区截然不同的特殊性，不仅仅是一个经济学或管理学问题，除了运用理论层面工具来分析外，还必须对南非的整体发展有所了解，这样才能搭建起一套从理论到实际、从单一科目到跨学科的完善的南非园区研究体系。

第二节　全球园区发展实践经验

大量研究表明，中国和一些国家的园区被视为是一种有效的促进经济发展、优化产业制度和推行政策试点的工具。通过对世界其他国家发展较为成功的园区案例研究，南非可以结合自身园区发展实际情况来探索新的园区可持续发展策略。在这些案例中，政府职能的明确和前后的转变是值得探究的重点。

一　中国深圳：产城融合

在实施园区政策、推动经济转型方面，中国是无可争议的成功领导者。20 世纪 80 年代末以来园区经济的蓬勃发展对中国的快速崛起做出了重大贡献。此外，园区在印度和一些东亚国家及地区（包括新加坡、韩国、中国台湾和中国香港）同样有着较长历史。[1]中国的园区分为国家级、省级和市级，主要以经济增长、技术创新、集约用地、节水节能、生态环境保护和企业社会责任作为评估指标。

南非可以从中国的园区发展中获取不少经验。曾智华指出，在园

---

[1]　Chee Kian Leong, "Special Economic Zones and Growth in China and India: An Empirical Investigation", *International Economics and Economic Policy*, Vol. 10, No. 4, 2013.

区发展中需要重视"务实和实验性的方法；拥有改革为导向的思维；国家的坚定承诺和积极推动；广泛吸纳外来投资；健全的基础设施；有效的市场推广和投资推广；以及持续的技术学习和升级"。[①] 赖洪毅认为，中国园区的成功是"选址、领导、政策和制度安排"以及有效的改革战略等多种因素综合作用的结果。[②]

深圳是中国园区发展史上一个经典且成功的例子，它很好地阐释了"产城融合"这一园区转型理念。深圳是内地和香港之间的桥梁，也是中国学习和探索如何运作资本主义市场和经营大都市经济发展模式的试验点。[③] 深圳最初被认为是中国"通向世界的窗口"和改革开放的试验田。一些研究分析了深圳如何从一个小村庄发展成为经济特区，再进一步发展成为一个现代化城市，主要结论包括：深圳经济特区具备有效的城市乡村发展战略、地理优势、良好的商业和投资环境、与周边地区的紧密联系、大量的技术创新和知识溢出。[④] 这些研究重点关注了机构改革、决策分权、整体的相应优惠政策和对投资者的激励计划等方面。杨汝万等在其研究中也列举了深圳面临的一些挑战，包括资源限制、文化冲突等。[⑤] 尽管在第三章中笔者对园区进行了分类，但深圳并不能完全归为任何一类。深圳是由经济特区到城市的最佳转型案例，虽然它的成功难以效仿，因为其相关政策和法规的设计必须与所在国

[①]　Zeng, D. Z., "Global Experiences with Special Economic Zones: Focus on China and Africa", *World Bank Policy Research Working Paper*, 2015.

[②]　Lai, H. H., *SEZs and Foreign Investment in China: Experience and Lessons for North Korean Development*, Asian Perspective, 2006: 69 – 97.

[③]　Yeung, Y-M, Lee, J., Kee, G., "China's Special Economic Zones at 30", Eurasian Geography and Economics, Vol., 50, No. 2, 2009.

[④]　Liang, Z., "Foreign Investment, Economic Growth and Temporary migration: The Case of Shenzhen Special Economic Zone, China", *Development and Society*, Vol. 28, No. 1, 1999; Tong, D., Feng, C-C., Deng, J-J., "Spatial evolution and Cause Analysis of Urban Villages: A Case Study of Shenzhen Special Economic Zone", *Geographical Research*, No. 3, 2011; Wei, X., "Acquisition of Technological Capability Through Special Economic Zones (SEZs): The Case of Shenzhen SEZ", *Industry and Innovation*, Vol. 7, No. 2, 2000.

[⑤]　Yeung, Y-M, Lee, J., Kee, G., "China's Special Economic Zones at 30", *Eurasian Geography and Economics*, Vol. 50, No. 2, 2009.

家的政策和法规相一致，但一些发展经验仍然是南非值得借鉴的。

二　日本筑波：三元参与

其他一些亚洲国家不同类型的园区发展颇有成效，比如日本和新加坡。日本的筑波科技园（Tsukuba Science Park）成立于 1963 年，是一个成功的科技型工业区。[①] 这个项目在最初发展阶段并不成功，一个主要原因是筑波科技园内研究机构和组织专注于他们的研究，但忽略了与工业应用的联系，这意味着他们的研究成果与相关行业相隔绝。另外，由于工业化和商业化水平低，这个项目对私人投资者和公司没有吸引力。因此，筑波科技园在这一时期并没有获利。[②] 1974 年，日本政府将 43 个研究机构（约 60000 人）迁移到筑波，并制定了一系列政策和法规来促进该项目的发展。[③] 筑波科技园最初是为了促进科学发现而建立的，后来发展成为一个三元参与的平台，进而发展成为一个城市。这种三元参与模式着眼于政府、企业和科研机构之间的良性互动与协作。目前，已有 200 多家研究机构落户筑波科学城，园区生态成熟，产、学、研三个核心要素已完成闭环搭建。园区功能模块布局合理，配套设施齐全，教育体系完善，能为园区内的居民提供较高质量的生活环境。

日本政府主导整个筑波科技园的发展，包括选址、人力资源和筹资等，筑波科技园建设费用全部由日本政府承担。政府成立了"科学城推进部"来管理园区，该部门隶属日本首相办公室。由筑波研究机构、政府行政部门和民间企业共同组成的"筑波研究学园都市交流协会"专门对园区的管理机制和城市发展问题进行研究。日本建设部分管科研和教育单位，日本住宅和城市开发集团则负责筑波科技园土地

[①]　金乾生：《开发区创新与发展》，经济科学出版社 2013 年版。

[②]　于铭、杨鹏飞：《市场主导与政府主导创新模式的比较研究——以硅谷与筑波为例》，《当代经济》2014 年第 13 期。

[③]　王海芸：《日本筑波科学城发展的启示研究》，《科技中国》2019 年第 3 期。

开发和基建工程。[①] 筑波科技园这个例子可以证明，政府主导经营的园区也可实现可持续积极发展。

筑波科技园的成功体现在四个方面。第一，筑波是日本罕见的成功的计划城市，其城市体系的搭建和完善都是由政府完成，这证明政府虽然不直面市场，但经过精心调研规划，可以为园区发展带来直接助力。第二，园区为日本首都圈的区域发展做出了贡献，并带来极强的外部效应。[②] 第三，对于产学研体系结合的长期摸索，让筑波科技园成为日本迄今规模最大的研究实践基地，且建立了日本国内外的学术机构网络，同时筑波科技园也成为国内外各类科研创新会议的长期最佳选择。[③] 第四，筑波科技园的发展定位从创立之初便比较精准，且接下来所做的各类发展尝试也基于发展高新科技集群这个目标进行不断深化和调整，这使得筑波长期累积的集聚效应较强，在中后期发展中会相对平稳和顺畅。

对于南非而言，现阶段也是政府对所有园区建设和运营直接拨款，且政府实际掌控园区的发展。日本筑波科技园对于南非的启示主要有两个方面。一方面，国家和地方政府如果要共建园区，则应该处理好中央政府和地方政府在各项规划和管理上的关系；另一方面，对园区的规划应该经过长期取证和调研，明确园区功能后再尽可能地朝着既定目标行进，在发展过程中，战略推行的摇摆不定会对园区发展带来严重阻碍。

三　新加坡裕廊：生态园区

新加坡的裕廊工业园是一个综合性很强的园区。它结合了自由贸

[①] 翟玉晓:《中外对比视阈下的开发区管理体制创新研究》,《东方行政论坛》2014 年第 00 期。

[②] 乌兰图雅:《日本筑波研究学园城市模式的构建及启示》,《天津大学学报》(社会科学版) 2007 年第 5 期。

[③] 乌兰图雅:《日本筑波研究学园城市模式的构建及启示》,《天津大学学报》(社会科学版) 2007 年第 5 期。

易区和出口加工区的主要特点和功能，主要侧重于开发房地产和开展商业和工业活动。裕廊工业园的出口加工区内有 900 多家企业入驻，也是一个拥有大型港口设施的中转枢纽。同时，裕廊也是著名的旅游景点，尤以裕廊飞禽公园、中式和日式花园以及占地约 80 公顷的湖泊而闻名。① 裕廊工业园的核心建设理念是综合地而非单一地发展经济技术开发区和工业区，将这些从事经济活动的功能区域作为整个园区发展的一个有机单位。这种设计理念和中国提出的"产城融合"思路有异曲同工之处。

裕廊工业园的发展非常符合园区从平台型到生态型的演进轨迹。裕廊工业园初期开发（1961—1968 年）主要由新加坡政府主导，由政府提供前期的开发资金并由新加坡经济发展局负责制定园区发展规划和推进基础设施建设。接着新加坡政府于 1968 年成立裕廊集团（JTC）将园区所有经营管理事宜移交给裕廊集团，并要求裕廊集团②自负园区盈亏。③ 由此可见，新加坡政府是裕廊工业园最初的开发者，但引入园区管理机构后，转型为主要为园区提供公共服务和合理化制度安排的角色。④ 同时，裕廊集团用市场化机制运作模式来管理裕廊工业园，并承担部分政府职能，扮演"政府代理人"角色，有效减少了园区和政府间的沟通成本。⑤

裕廊工业园之所以成功，是因为几个因素共同作用，而首当其冲的是新加坡政府在园区发展不同阶段中对自身所扮演角色和发挥职能的洞察力。从先期的主导发展到中后期的提供公共服务，为园区创造良性外部营商环境，都显示出新加坡政府对于其在园区发展中角色的明确认知。其次，裕廊集团对园区发展的判断和把控精准，能立足于

---

① JTC, "About JTC: Overview", 2013, http: //www. jtc. gov. sg/About-JTC/Pages/default. aspx.
② 又称裕廊镇管理局公司或裕廊镇管理局。
③ 卫平、周凤军：《新加坡工业园裕廊模式及其对中国的启示》，《亚太经济》2017 年第 1 期。
④ 左学金：《国内外开发区模式比较及经验：典型案例研究》，《社会科学》2008 年第 9 期。
⑤ 崔凡：《全球三大自由贸易港的发展经验及其启示》，《人民论坛·学术前沿》2019 年第 22 期。

市场经济和商业竞争角度来规划园区发展，注重对园区的市场化运作，比如不断提升园区土地的生产力、设施的使用率以及地产的回报率。① 最后，对裕廊工业园发展的定位精准。新加坡设计该园区的目的为推动全国工业化进程，而非仅仅局限于裕廊区域的发展。② 因此，在园区核心功能的设计上，融合了多种不同园区形态，除各类经济活动外，还有非常齐全的生活乃至娱乐设施。经过几十年发展，裕廊工业园不再是一个单纯的工业区，而是一个综合性较高的生态园区，且有机融入了整个新加坡国家发展体系，为新加坡的经济增长和国家核心竞争力的塑造做出了巨大贡献。

新加坡裕廊工业园的发展模式对南非同样具有借鉴意义。首先，依旧是政府角色转型，前文已有大量篇幅讨论该问题，这里不再赘述。其次，和中国的深圳以及日本的筑波科技园一样，必须注重"规划先行"，而不是"摸着石头过河"，如在规划阶段未对园区发展形成统一认知，而在发展中不断挣扎，园区竞争力会受到极大影响，同时这种举棋不定也影响投资者判断。③ 最后，新南非政府在思考自身转型之时，也应注重体制创新，比如公共服务的市场化和公共管理的社会化。④

四　非洲园区发展

目前，许多非洲国家启动了各种园区项目，通过提供一系列优惠税收政策，促进本国制造业和其他工业的发展。一些工业化程度相对发达的国家开始为本土的金融服务业提供激励措施。显然，非洲各国正在积极探索实现经济多样化的机会，采取激励措施吸引外国直接投

---

① 李钦：《新加坡工业园区建设发展经验与启示》，《青海科技》2015 年第 4 期。
② 左学金：《国内外开发区模式比较及经验：典型案例研究》，《社会科学》2008 年第 9 期。
③ 李钦：《新加坡工业园区建设发展经验与启示》，《青海科技》2015 年第 4 期。
④ 李钦：《新加坡工业园区建设发展经验与启示》，《青海科技》2015 年第 4 期。

资和国内投资，而不是依赖制造业或增值服务等某些行业。① 于是经济特区在非洲国家如雨后春笋般出现，以刺激经济和改善工业化绩效。然而，这种策略反而导致了大多数地区的经济停滞，主要是基础设施和创业能力的不足、经济体制带来的挑战、政治因素和投资者的信息匮乏等原因。② 毛里求斯出口加工区是非洲园区较为成功的案例之一，它在旅游业、离岸金融业、纺织品和服装制造业创造了新的增长动力。Brautigam 和 Tang 认为，毛里求斯出口加工区的运作模式很难被模仿的原因是，毛里求斯对于外籍工人持较为开放的态度，允许外籍劳工在该国工作，尤其对中国更是如此。对于投资者而言，他们可以在毛里求斯聘请其他国家的工程师和技术人员，而不必拘泥在当地。③ 相较南非园区的规定，毛里求斯出口加工区雇员的来源有更大的灵活性，也意味着其对于劳工质量有更多选择。

同样值得一提的是，在中国，不断上升的劳动力成本正迫使企业转移到其他国家。林毅夫指出，随着低价值制造业从中国转移到其他国家，其他国家将获得多达 8500 万个的就业机会。④ 这些劳动力岗位大部分已经转移到亚洲低收入国家，如越南和缅甸。移民企业也开始专注撒哈拉以南的非洲国家，如埃塞俄比亚。这种情况下，南非即使是获得这些转移工作岗位总数中的一小部分，对其也有巨大利好。然而，现实情况是，由于技术的进步，导致熟练工人在出口导向型制造业中失去机会，这意味着通过制造业创造就业的"黄金时代"可能已经过去。另一个事实是，尽管三星、微软和丰田等跨国公司将生产线转移到了东南亚国家，这些企业仍然以中国为中心完善物流网络并加

① KPMG, *Afeica Incentive Survey 2016*: KPMG, 2016.

② Ampah, S. K., Nyagah, N., "Africa's Export Zones Failing: 2010", https://scholar.google.co.za/scholar? q = Africa% E2% 80% 99s + export + zones + failing&btnG = &hl = en&as_sdt = 0% 2C5.

③ Brautigam, D., Tang, X., "African Shenzhen: China's Special Economic Zones in Africa", *The Journal of Modern African Studies*, Vol. 49, No. 1, 2011.

④ Lin, J., "How to Seize the 85 Million Jobs Bonanza", http://blogs.worldbank.org/developmenttalk/how-to-seize-the-85-million-jobs-bonanza.

强区域供应链合作。① 此外，根据 Schwab 和 Sala-i-Martin 的研究，大多数在南非的投资者甚是关切该国的限制性劳动法规，因为这些法规是影响其经济收益的重要因素之一。② 因此，如前文所述，园区投资者和园区企业会感到束缚，因为其在最低工资和工时方面可以与南非雇员谈判的空间非常有限。

第三节　其他建议

南非虽然是非洲最大的工业强国，但经济长期处于低增长状态，其制造业在国内生产总值中所占份额也急剧下降。南非有较长的政策干预制造业空间分布的历史，自 2000 年开始起南非开始在全国范围内（尤其是交通枢纽和港口）陆续设立工业开发区，在 2012 年转型为经济特区。然而整体来看，这些园区对促进整体经济发展成效甚微，并几乎未能吸引变革性投资。

基础设施和投资的外向驱动力极大程度上影响了南非经济发展。此外，极端社会不平等、高失业率、种族隔离的遗留难题以及祖马政府猖獗的国家掠夺，使得南非经济低迷并陷入大规模结构性失业危机。这些问题存在的一个重要原因是制造业的相对衰退。全球化和贸易自由化是发展中国家经济发展的主要驱动力。南非的去工业化现象尤其严重，1994—2011 年，制造业就业人数以每年 1.3% 的复合速率下降。③

布莱克（Black）等认为，南非没有利用非熟练劳动力的潜在比较优势，而是鼓励次优资本密集型部门生产。低产出增长和高资本密

---

①　The Economist, "Made in China?", March 12, 2015.

②　Schwab, K., Sala-I-Martin, X., *The Global Competitiveness Report* 2015 – 2016, , World Economic Forum: Geneva, 2016.

③　Zalk, N., Industrial Policy in a Harsh Climate: The Case of South Africa, 2014; Salazar-Xirinachs J., Nubler I., Kozul-Wright, R., Transforming Economies: Making Industrial Policy Work for Growth, Jobs and Development Geneva: International Labour Office. 2014.

集度的结合对就业造成了灾难性影响。支持重工业的措施包括资本补贴、专项基础设施支持和人为压低电价。人为压低电价和南非国家电力公司（Eskom）所暴露的大规模腐败和管理不善，已经导致南非陷入电力供应不足和价格急剧上涨的困境。不断上涨的能源价格和艰难的市场环境阻碍了重工业的发展，比如位于开普敦北部一家以出口为基础的大型钢铁厂——萨尔达尼亚钢铁厂（Saldanha Steel）已经停产。①

重工业虽然表现不佳，但轻工业的糟糕表现更令人担忧。自1970年以来，超劳动密集型制成品的出口份额急剧下降，到2012年，这一类别仅占制成品出口的9.7%。其中下降幅度最大的是（劳动密集型）纺织品和服装部门，其在制造业产出中所占的份额从1990年的7.6%下降到2010年的1.8%。轻工业的衰退主要发生在贫困地区，包括班图斯坦地区。例如，纺织、服装和皮革部门曾是东开普省最大的制造业雇主，1996年共雇用了26000名工人，相当于该省制造业劳动力的19.8%。到2012年，就业人数骤降至10700人，占制造业劳动力总数的11.8%。②

非熟练和半熟练劳动力的高失业率致使政府未能调动对轻工制造业的投资，而这种投资本可能有助于解决高失业率问题。在世界范围内，园区企业多是与轻工制造业相关的劳动密集型和装配型企业。南非则不然，其就业危机和在轻工业方面的糟糕表现令人吃惊。夸祖鲁－纳塔尔省北部纽卡斯尔（Newcastle）的服装业集群是1994年南非的主要工业发展区域之一，尽管没有特别的激励措施，但如今仍在运营。从历史上看，这一直是中国制造业投资在经济特区的最大集中地。在增长点激励措施的支持下，中国台湾于20世纪80年代早期鼓

① Black, A., Craig, S., Dunne, P., *Capital Intensity*, *Industrial Policy and Employment in the South African manufacturing Sector*, Working Paper, 2016.
② Kaplan, D., Morris, M., Martin, L., "Identifying and Developing Sustainable Interventions to Promote Non-Automotive Industries in the Eastern Cape", Report prepared for National Treasury, 2014.

励企业搬迁至纽卡斯尔。到 20 世纪 90 年代初，纽卡斯尔有 1000 名中国居民，54 家大型中资工厂提供了数千个就业岗位，产业主要集中在服装行业。① 随后，由于激励措施取消、进口关税下降、汇率波动以及全国制衣业谈判委员会（National bargain Council for the Clothing Manufacturing Industry）提高最低工资标准，服装业生存环境愈发严峻。但仍有一些公司在继续经营，并设法规避最低工资的法律义务。②

南非发展和企业中心（Centre for Development and Enterprise，CDE）提出的一个建议是在库哈经济特区内建立一个出口加工区，重点吸引劳动密集型出口企业。③ 有研究预计中国最终将有 8500 万个制造业工作岗位向国外转移，且多数转移到越南、孟加拉国和印度等其他亚洲国家，但仍有部分岗位转移到埃塞俄比亚等非洲国家。南非应该努力吸引这些岗位入驻。

结合南非轻工业发展状况和园区规划布局，如果新南非政府能考虑在园区项目中发展制造业，且企业能够在基本保障措施的制约下自由地直接与雇员谈判工资和工作条件，那么不仅是库哈经济特区，其他待发展园区将成为能吸引就业岗位的有利竞争点。④

第四节　本章小结

基于前文对南非园区整体状况和库哈经济特区案例中出现的挑战和问题梳理，笔者在本章结合多边市场理论对这些问题给出建议，同时也检测该理论是否能用在除了中国以外的其他国家的园区。通过分

---

① Nattrass, N., Seekings, J., "Job Destruction in Newcastle: Minimum Wage-Setting and Low-Wage Employment in the South African Clothing industry", *Transformation*, Vol. 84, 2014.

② Nattrass, N., Seekings, J., "Job destruction in Newcastle: minimum wage-setting and low-wage employment in the South African clothing industry", *Transformation*, Vol. 84, 2014.

③ Centre for Development and Enterprise, *An EPZ for the Nelson Mandela Metro*, Johannesburg, 2016.

④ Centre for Development and Enterprise, *An EPZ for the Nelson Mandela Metro*, Johannesburg, 2016.

析可以发现，该理论可以有效明确园区发展中各个参与主体的角色，也可以对园区的定价机制等给出倡导性建议。基于此，结合南非园区实际情况，本章认为南非应该搭建有着良性互动的园区平台；新南非政府应积极思考园区参与者角色；政府和园区运营者（管理者）应对其所扮演的角色和发挥的效能进行反思；对园区的各类服务和土地定价机制应该更灵活和富有弹性。

但是，对于南非根深蒂固的历史遗留问题，比如贫困和高失业率、工会的强势和对劳工的过度保护等，该理论并不能给出有效建议。南非的园区发展有其独特性，应该用不同的理论工具结合实践探索来完善南非园区研究体系，这也是本研究未来延续的方向。

第八章

结　论

第一节　研究结论

南非是金砖五国之一，同时也是非洲的经济和工业大国，关于该国园区经济的研究具有重要意义。目前南非园区发展正处于转型的初级阶段，与之相关的理论和实践研究数量较少，也未呈现清晰的研究脉络和体系。基于园区全球化和南非园区转型背景，本书在对园区相关研究理论进行梳理后，运用多边市场理论结合南非园区发展实际情况，从园区参与主体职能、园区发展优势、园区发展建议等方面，系统性阐述和论证了第一章提出的核心研究问题：南非园区发展转型中政府应扮演何种角色和发挥什么职能来助力园区发展。

通过前文的分析，本书主要得出的研究结论包含以下三方面：

一　新南非政府的角色转型

南非园区的运营监管采取了由政府主导，并通过成立国有企业具体管理的模式。通过对南非园区挑战和库哈经济特区发展案例的分析，笔者发现南非园区相关研究中对园区发展形态和政府角色的讨论欠缺。基于此，本书通过结合中国中关村科技园、苏州工业园、天津滨海新区三个案例，对政府的角色在不同园区形态下的改变进行了梳理。在传统型园区中政府主导园区发展，在平台型园区中政府负责前期规划和中后期协助和监管，以及在生态型园区中的"基本园区职能＋城市规划"复合型职能。这种变化反映出园区从最开始作为一种单纯的政治调节经济的工具，到后来的能带动区域经济增长的有效手段，再到当前一个完整城市生态群落的核心组成部分，其职能以及和城市生态互动的关系也在一直变化。

结合以上分析，笔者认为：南非园区的转型，首先，应该从园区管理的"政企分离"开始，即政府应该让有成熟园区运营经验的第三方机构来管理园区，使其更加面向市场经济。政府则不再进行"提线木偶"式行政管理操作，和园区运营者的关系也应该从上下级转型为平等合作。其次，新南非政府应减少对园区经济和生产活动的直接干涉，让市场规律在园区发展中发挥更大的作用。在平台型园区发展模式中，新南非政府主要参与园区规划和批准土地使用，接下来则由园区运营者来建造平台。最后，新南非政府应减少在园区发展中承担的多重职能，回归到为平台型园区中入驻企业提供相应社会服务和配套基础设施的行政职能。

二 多边市场理论的有效性

多边市场理论在分析南非园区发展模式上是有效的。多边市场理论内生地包含了平台中参与经济活动的各个行为主体，在第二章中，笔者讨论了园区带有明显的平台属性，且在王勇等学者对中国园区的研究中也已论证了这一观点。本研究使用多边市场理论来分析南非园区发展，一是基于南非园区的发展现状和特征做出的选择，二是结合南非园区实际状况，可以反推该理论的有效性和跟南非园区研究的匹配度。

通过对南非园区整体发展、库哈经济特区案例和中国、南非园区发展对比等分析，可以发现：除了国家政治环境、司法体系和历史遗留问题等宏观且不可抗拒因素外，在多边市场理论下，南非园区的大多数问题都能被解释。能运用该理论分析的问题包括园区核心竞争力的打造、园区功能的认知、园区发展中政府的转型、园区管理机制混乱等，基于该理论提出的建议包括政府应和园区运营者进行良性互动而不是单一的管理与被管理的关系，如此才能有效地促进园区企业、园区运营者和政府三者之间搭建互动平台；园区平台上的参与主体应对其角色和功能"再定位"，明确彼此之间相互呼应和互补共生关系；政府和园区运营者应联合园区企业维护园区内外的生态环境平衡；园区运营者基于企业的资质和外部性等要素制定具有弹性的定价机制。

三 南非园区的多重属性

新南非政府长期尝试使用空间和经济干预来改善区域和空间发展不平衡。带有明显种族歧视的黑人家园的建立给区域发展带来了长期且严重的后遗症——这些人为划分的隔离区中的贫困和高失业率延续到现在。1994年新南非政府成立提出系列带有空间和区域发展干预属性的计划和项目，比如工业开发区、经济特区、空间开发项目、国家基础设施计划和国家空间发展展望计划等。换言之，南非园区在"襁褓"之际便被赋予了有别于其他国家园区的属性——作为经济发展试点的同时，还背负了解决南非根深蒂固的社会矛盾、创造就业和改善社会不平等更深层次的社会职能。

本书分析了南非园区发展和运营面临的主要问题和挑战。第一，南非的各个园区不能实现财政独立和盈亏自负，严重依赖政府资金支持。新南非政府在园区规划和运营上已投入巨额资金，但园区普遍都还处于初级发展阶段，表现也缺乏亮点。结合全球园区发展实践经验，这意味着南非园区在较长时间依然需要政府的持续资金投入来维持运营。第二，在园区基础设施和配套工业设施的建造和投入以及劳动力资质上，政府面临"鸡生蛋"还是"蛋生鸡"的问题。南非应该先培训本地劳动力达到就业资质和完善基础设施建设来迎接投资者，还是等待投资以后带来的经济效益反哺本地教育和基础设施的发展。第三，相较其他非洲园区而言，南非在园区选址、制度设计和激励机制上并没有强比较优势。第四，南非园区的多重属性和赋能是否能达到目标设立的预期值。

第二节　研究创新

本书对南非园区研究领域具有理论和实践双重意义。在理论上主要有三个创新。第一，在南非园区研究上首次引入新的理论来进行分析，拓展了南非园区研究的思路，为南非园区研究提供了更多的理论支持。通过对南非园区发展过程的详细梳理和分析，发现多边市场理论能高度匹配现阶段南非园区发展现实。第二，除了多边市场理论外，本研究基于园区发展的三种形态梳理了园区理论和文献，突破了既有传统园区研究理论的框架限制，将重点放在探究政府在园区发展过程中的职能转换路径。根据在园区发展中政府的不同职能侧重，本研究将园区发展分为三个阶段：传统型园区、平台型园区和生态型园区；同时结合三个案例来探究三种园区类型中政府角色的转变以及该类型下园区的优势和局限。三个案例不仅为南非提供园区发展经验，对其他国家园区亦有借鉴意义。第三，通过结合南非园区发展实践，笔者发现多边市场理论在针对南非园区发展中政府、园区企业和园区运营者如何发挥各自功能的实践解释上，可以有更多的探索和思考。

在实践上，首先，本研究为南非园区发展和转型提供了政策参考和建议。本书探究了政府和园区运营者在推动南非园区发展过程中的各种实践，梳理了南非园区赋能过重的原因，总结了从理论层面到实际案例的发展策略和建议。这些讨论对于南非园区问题的分析、发展的趋势以及转型的方向都有较强的参考价值。其次，对各类有意向入驻南非园区的企业而言，本书可帮助它们对南非园区实际发展状况、相关政策、内外部营商环境等方面获取更全面的信息，进而优化其投资决策。

第三节　研究不足

首先，本书只挑选了南非库哈经济特区作为案例分析，南非其他正在运营的园区研究未在书中详细展开。虽然库哈经济特区是相较之下最具代表性的园区，但是有可能其他园区发展中有其独特性值得挖掘。

其次，基于企业隐私保护等原因，南非园区所收集到的数据十分有限且不成体系，不能把它们运用到数据建模中，只能通过管理学的案例研究和分析性描述对这些信息进行处理。

最后，受新冠肺炎疫情影响，无法再亲身前往南非获取更多的一手资料。同时南非的园区项目也有所停摆，对研究观察的持续性造成了一定影响。

第四节　研究发展

南非园区发展和转型是一个非常宏大和复杂的议题，既涉及了经济、政治、法律、历史、文化等宏观背景，也需要考虑园区的区位、类别、形态、产业、制度等众多具体要素。南非园区的特殊性值得进行多视角和跨学科的研究。因为时间和能力有限，本研究对南非园区发展和转型进行了初步梳理，在很多方面还需进行深入细微且可持续的研究。

第一，应持续跟踪南非园区的发展状况，对相关政策和法律法规进行追踪，对园区数据采集应更加全面和系统，为南非园区的量化研究做好准备。

第二，不断反思和评估不同园区理论模型和体系，并检测这些理论对分析南非园区发展的有效度，深化现有的南非园区研究体系。此外，可以考虑在不同国家园区发展实践研究中再次评估这些理论的适用度和普遍性。

第三，在案例选择上，应拓展案例范围，把南非各园区案例完成后，会更容易通过特性寻找南非园区发展的共性，可以进一步完善对现有的南非园区研究体系。

参考文献

一 中文文献

曹云:《国家级新区比较研究》,社会科学文献出版社 2014 年版。

金乾生:《开发区创新与发展》,经济科学出版社 2013 年版。

李森:《困境和出路——转型期中国开发区发展研究》,中国财政经济出版社 2008 年版。

罗小龙、梁晶、郑焕友:《开发区的第三次创业——从产业园到城市新区》,中国建筑工业出版社 2014 年版。

王勇、戎珂:《平台治理:在线市场的设计、运营与监管》,中信出版社 2018 年版。

张诗雨:《中国经济技术开发区产业创新研究》,中国发展出版社 2015 年版。

郑锦荣、王胄、尚庆琛:《中外境外经贸合作园区建设比较》,中国商务出版社 2018 年版。

陈爱贞、刘志彪:《自贸区:中国开放型经济"第二季"》,《学术月刊》2014 年第 1 期。

陈金山、朱方明、周卫平:《生态工业园建设的政府职能分析》,《重庆大学学报》(社会科学版)2010 年第 6 期。

陈肖英:《南非中国新移民面临的困境及其原因探析》,《华侨华人历史研究》2012 年第 2 期。

崔凡:《全球三大自由贸易港的发展经验及其启示》,《人民论坛·学术前沿》2019 年第 22 期。

丁剑平、赵晓菊:《自贸区金融开放与改革的理论构思——基于要素流动速度不对称视角》,《学术月刊》2014 年第 1 期。

丁明磊、刘秉镰、庞瑞芝:《台湾新竹与内湖科技园区发展模式比较研究及经验借鉴——基于区域创新网络视角》,《中国科技论坛》2011 年第 5 期。

杜磊:《中关村科技园区创立的历史考察》,《中共党史研究》2017 年第 9 期。

郭喆:《2013 年山西省高新技术产业开发区和高新技术企业发展现状及与中部六省的对比》,《科技情报开发与经济》2015 年第 19 期。

韩玉刚、王丹丹:《中国开发区向综合新城转型发展研究综述》,《区域经济评论》2016 年第 3 期。

李具恒、李国平:《区域经济发展理论的整合与创新——基于梯度推移理论内在机理的扩展分析》,《陕西师范大学学报》(哲学社会科学版)2004 年第 4 期。

李钦:《新加坡工业园区建设发展经验与启示》,《青海科技》2015 年第 4 期。

李文彬、陈浩:《产城融合内涵解析与规划建议》,《城市规划学刊》2012 年第 7 期。

李晓华、刘峰:《产业生态系统与战略性新兴产业发展》,《中国工业经济》2013 年第 3 期。

林华:《关于上海新城"产城融合"的研究——以青浦新城为例》,《上海城市规划》2011 年第 5 期。

刘瑾、耿谦、王艳:《产城融合型高新区发展模式及其规划策略——以济南高新区东区为例》,《规划师》2012 年第 4 期。

陆利华、张克俊:《我国与国外高新科技园区比较研究》,《中国科技论坛》2007 年第 3 期。

彭兴莲、陈佶玲：《产城融合互动机理研究——以苏州工业园区为例》，《企业经济》2017 年第 1 期。

沈晖：《三角校正法的意义及其在社会研究中的应用》，《华中师范大学学报》（人文社会科学版）2010 年第 4 期。

苏菡丽：《"三元参与"理论下高职院校大学科技园运行模式研究——以苏州经贸大学科技园为例》，《科技经济导刊》2016 年第 29 期。

苏杰芹、苏杰天、闫春红、蒋红群：《中关村科技园区发展现状及存在问题研究》，《绿色科技》2016 年第 20 期。

孙都光：《国内外高科技园区的比较研究及启示》，《决策咨询通讯》2005 年第 6 期。

王海芸：《日本筑波科学城发展的启示研究》，《科技中国》2019 年第 3 期。

王慧珍：《从日本北九州生态工业园对比天津经济技术开发区生态工业园的建设》，《天津科技》2006 年第 5 期。

王缉慈：《增长极概念、理论及战略探究》，《经济科学》1989 年第 3 期。

王进富、杨双双、王亚丹：《扎根理论视域下科技园区生态化创新发展路径研究》，《科技进步与对策》2016 年第 18 期。

王凯、袁中金、王子强：《工业园区产城融合的空间形态演化过程研究——以苏州工业园区为例》，《现代城市研究》2016 年第 12 期。

王南、潘英丽：《苏州工业园变迁图谱》，《经济导刊》2016 年第 6 期。

王晓鹏：《强势的南非工会》，《当代工人》2013 年第 16 期。

王雪松：《论生态工业园的哲学基础》，《阜阳师范学院学报》（社会科学版）2006 年第 3 期。

王勇、朱雨辰：《论开发区经济的平台性和政府的作用边界——基于双边市场理论的视角》，《经济学动态》2013 年第 11 期。

卫平、周凤军：《新加坡工业园裕廊模式及其对中国的启示》，《亚太经济》2017 年第 1 期。

乌兰图雅：《日本筑波研究学园城市模式的构建及启示》，《天津大学学报》（社会科学版）2007 年第 5 期。

许大为：《上海与武汉汽车产业园区发展模式比较分析》，《硅谷》2010 年第 5 期。

颜鹏飞、马瑞：《经济增长极理论的演变和最新进展》，《福建论坛》（人文社会科学版）2003 年第 1 期。

杨青山、徐效坡、王荣成：《工业生态学理论与城市生态工业园区设计研究——以吉林省九台市为例》，《经济地理》2002 年第 5 期。

于铭、杨鹏飞：《市场主导与政府主导创新模式的比较研究——以硅谷与筑波为例》，《当代经济》2014 年第 13 期。

曾铁城、胡品平：《几种典型高新区管理模式的比较分析——以广东省高新区为例》，《科技管理研究》2011 年第 5 期。

曾智华：《通过开放与创新打造国际化新城——以苏州工业园区为案例》，《城市发展研究》2017 年第 10 期。

翟玉晓：《中外对比视阈下的开发区管理体制创新研究》，《东方行政论坛》2014 年第 00 期。

张道刚：《"产城融合"的新理念》，《决策》2011 年第 1 期。

张军、林嵬：《土地违规新花样》，《瞭望》2007 年第 14 期。

郑力璇：《试述中国开发区的转型与发展》，《经济问题》2011 年第 9 期。

周英豪：《中美高科技园区发展模式比较及启示——以中关村和硅谷为例》，《企业经济》2010 年第 3 期。

庄宁：《大学科技园作为一种社会建制在区域创新体系中的作用》，《科技进步与对策》2004 年第 8 期。

左学金：《国内外开发区模式比较及经验：典型案例研究》，《社会科学》2008 年第 9 期。

国家发展和改革委：《开发区清理整顿取得成效已由 6866 个减至 1568 个》，

http：//www. ndrc. gov. cn/jrzg/2007 –05/09/contnt_ 608350. htm。

韩正：《真抓实干　稳扎稳打　推动海南自由贸易港建设开好局起好步》，
http：//www. sanya2020. cn/1/87/124/2020/0603/show-1087. html。

人民网：《中关村科技园管理陷"两张皮"尴尬　一区难管多园》，
http：//china. huanqiu. com/hot/2013-07/4186811. html。

商务部公共商务信息服务：《2019 年 1—9 月国家级经济技术开发区
主 要 经 济 指 标 情 况 》， http：//ezone. mofcom. gov. cn/article/m/
201912/20191202918921. shtml。

天津市滨海新区人民政府：《区情：新区简介·2019》，http：//www.
tjbh. gov. cn。

张威威：《出海记 | 北汽建南非 40 年来首家新车厂　首款整车下线》，
http：//www. cankaoxiaoxi. com/finance/20180727/2299684. shtml。

中华人民共和国商务部：《对外投资合作国别（地区）指南：南非》，
北京，2019。

二　英文文献

Brad Feld, *Startup Communities*：*Building an Entrepreneurial Ecosystem in Your City*, Brilliance Audio, U. S. Michigan, 2013.

Etherington, L. , "The Impact of Industrial Development Zones on Employment In South Africa：A Coega IDZ Case Study", https：//www. academia. edu/ 8683972/the_ impact_ of_ industrialL_ development_ zones_ on_ employment_ in_ south_ africa_ a_ coega_ idz_ case_ study.

Allix, M. , *Speical Economic Zones*：*Proof of Pudding*, Financial Mail, South Africa；Times Media（Pty）, 2015.

Allix, M. , *Speical Economic Zones*：*Proof of pudding*, Financial Mail, South Africa；Times Media（Pty）, 2015；Nel, E. L. , Rogerson, C. M. , "Re-Spatializing development：Reflections from South Africa's recent re-engagement with planning for Special Economic Zones", *Urbani izziv*, Vol. 25,

191

2014; Farole, T., Sharp, M., *Spatial Industrial Policy*, *Special Economic Zones and Cities in South Africa*, National Treasury, 2017.

Ampah, S. K., Nyagah, N., "Africa's Export Zones Failing: 2010", https://scholar. google. co. za/scholar? q = Africa% E2% 80% 99s + export + zones + failing&btnG = &hl = en&as_ sdt = 0% 2C5.

Amstrong, M., *Two-Sided Markets: Economic Theory and Policy Implications*, Encore Workshop on Competition Issues in Two-sided Markets, 2004; Rochet, J. C., Tirole, J., "Two-Sided Markets: A Progress Report", *Rand Journal of Economics*, Vol. 27, No. 37, 2006.

Black, A., Craig, S., Dunne, P., *Capital Intensity*, *Industrial Policy and Employment in the South African manufacturing Sector*, Working Paper, 2016.

Brad Feld, *Startup Communities: Building an Entrepreneurial Ecosystem in Your City*, Brilliance Audio, U. S. Michigan, 2013.

Brautigam, D., Tang, X., "African Shenzhen: China's Special Economic Zones in Africa", *The Journal of Modern African Studies*, Vol. 49, No. 1, 2011.

BRICS Business Council, *Investment Guide of the BRICS Countries*, 2017.

Carter, C., Harding, A., *Special Economic Zones in Asian Market Economies*, New York: Routledge, 2011.

Cater, C., Harding, A., *Special Economic Zones in Asian Market Economics*, U. S. A. and Canada: Routledge, 2011.

Centre for Development and Enterprise, *An EPZ for the Nelson Mandela Metro*, Johannesburg, 2016.

Centre for Development and Enterprise, "Special Economic Zones: Lessons for South Africa from International Evidence and Local Experience", paper presented to the CDE Round Table Johannesburg, 19, June, 2012; DTI, "2014/15 SEZ Performance Analysis Bulletin", https://www. thedti. gov. za/industrial_ development/docs/IDZ_ Performance_ report. pdf.

Centre for Development and Enterprise, "Special Economic Zones: Lessons for South Africa from International Evidence and Local Experience", paper presented to the CDE Round Table Johannesburg, 19, June, 2012; DTI, *2014/15 SEZ Performance Analysis Bulletin*, Pretoria: The Department of Trade and Industry, 2015; DTI, *South African Special Economic and Industrial Development Zones*, Pretoria: The Department of Trade and Industry, 2016; Jourdan, P. , "Spatial development initiatives (SDIs) - the official view", *Development Southern Africa*, Vol. 15, No. 5, 1998.

Centre for Development and Enterprise, "Special Economic Zones: Lessons for South Africa from International Evidence and Local Experience", paper presented to the *CDE Round Table* Johannesburg, 19, June, 2012.

Chee Kian Leong, "Special Economic Zones and Growth in China and India: An Empirical Investigation", *International Economics and Economic Policy*, Vol. 10, No. 4, 2013.

Chen Ning, Liu Yao and Hu Huaqiang, "Grey Relational Analysis Between Comprehensive Bonded Zone and Regional Economic Development", 2010 The 2nd Conference on Environmental Science and Information Application Technology , 2010.

Chinguno, C. (2009), "Neither Fish nor Flesh: A Review of South Africa's Version of the Export Processing Zones", https://www. academia. edu/1069134/Neither_ Fish_ nor_ Flesh_ A_ Review_ of_ South_ Africa_ s_ version_ of_ the_ Export_ Processing_ Zones.

Chinguno, C. , "South Africa's Experience with Special Economic Zones", Report Commissioned by Center for Development and Enterprise, 2011.

Cisse, D. , *South Africa's Special Economic Zones - Inspiration from China?*, CCS Commentary, Stellenbosch University: The Centre for Chinese Studies (CCS), 2012.

Coega Development Corporation (CDC), *Integrated Annual Report* 2018/

2019, 2019.

Coega Development Corporation (CDC), "Coega Development Corporation: 2020", https://www.coega.co.za/Content2.aspx? objID = 84.

Coega Development Corporation (CDC), "Coega Development Foundation Services Brochure: 2020", https://www.coega.co.za/DataRepository/Documents/91DA4zmpKfs7ThcIYw4uM4UIY.pdf.

Coega Development Corporation (CDC), "Coega In Numbers: 2019", http://www.coega.co.za/CoegaFastFacts.aspx? objID = 111.

Coega Development Corporation (CDC), "Company Profile 2020", http://www.coega.co.za/Documents.aspx? objID = 80.

Coega Development Corporation (CDC), "Deepwater Port of Ngqura: 2020", http://www.coega.co.za/Content.aspx? objID = 90.

Coega Development Corporation (CDC), "Investor Portfolio: 2019", http://www.coega.co.za/CoegaFastFacts.aspx? objID = 111.

Coega Development Corporation (CDC), "Tax Benefits of a Special Economic Zone: 2020", https://www.coega.co.za/DocumentList.aspx? cmd = browse&objID = 80&catID = 23.

Demoss-Norman, T., "From Informal Settlements to Formality: A Resettlement Group's Adaptation to a Newly Planned Community in Port Elizabeth", *South Africa*, Vol. 2, No. 1, 2015.

Department of Trade and Industry, *Industrial Policy Action Plan (IPAP) 2012/13-2014/15*, Pretoria: Department of Trade and Industry, 2010.

DTI, 2015/16 *SEZ Performance Analysis Bulletin*, The Department of Trade and Industry, 2016; DTI, *Special Economic Zones Implementation: Briefing to Portfolio Committee on Trade and Industry*, The Department of Trade and Industry, 2016.

DTI, *Industrial Policy Action Plan (IPAP) 2012/13 - 2014/15*, Pretoria: Department of Trade and Industry, 2010.

DTI, *Policy on the Development of Special Economic Zones in South Africa*, Pretoria: Department of Trade and Industry, 2012.

DTI, *South African Special Economic and Industrial Development Zones*, Pretoria: The Department of Trade and Industry, 2016.

DTI, *Special Economic Zones Advisory Board Annual Report* 2017/18, Pretoria, 2018.

DTI, *Special Economic Zones Implementation: Briefing to Portfolio Committee on Trade and Industry*, The Department of Trade and Industry, 2016.

DTI, *The DTI's Special Economic Zones Tax Incentive Guide*, Pretoria: Department of Trade and Industry, 2015.

DTI, "Special Economic Zones Implementation: Briefing to Portfolio Committee on Trade and Industry", https://www.thedti.gov.za/parliament/2016/SEZ_ Programme_ Implementation. pdf.

DTI, "Special Economic Zone" and "Special Economic Zone Fact Sheet 2019", https://www.thedti.gov.za/industrial_ development/sez. jsp.

DTIC, "Special Economic Zone (SEZ): 2020", http://www.thedtic.gov.za/sectors-and-services-2/industrial-development/special-economic-zones/.

Etherington, L. , "The Impact of Industrial Development Zones on Employment In South Africa: A Coega IDZ Case Study", https://www.academia.edu/8683972/the_ impact_ of_ industrialL_ development_ zones_ on_ employment_ in_ south_ africa_ a_ coega_ idz_ case_ study.

Farole, T. , Akinci, G. , *Special Economic Zones: Progress, Emerging Challenges and Future Directions*, Washington D. C. : World Bank Group. 2011.

Farole, T. , Sharp, M. , "Spatial Industrial Policy, Special Economic Zones and Cities in South Africa", *National Treasury*, 2017.

Farole, T. , *Special Economic Zones in Africa: Comparing Performance and Learning from Global Experience*, Washington D. C. : The World Bank, 2011.

Feenstra, R. C. , Taylor, A. M. , *International trade. 2nd ed.* , New York: Worth Publishers, 2011.

Feld, B. , *Startup Communities: Building an Entrepreneurial Ecosystem in Your City* , New Jersey: John Wiley & Sons, 2012.

FIAS, *Special Economic Zones: Performance, Lessons, and Implications for Zone Development*, Washington D. C. : World Bank Group, 2008.

Hagiu, Andrei and Eright, Julian, "Multi-Sided Platforms (March 19, 2015)", *International Journal of Industrial Organization*, Vol. 43, 2015.

Ismalia, P. , *An Integrated Analysis of Socioeconomic Structures and Actors in Indonesian Industrial Clusters*, Groningen: University of Groningen, 2011.

Jauch, H. , "Export Processing Zones and the Quest for Sustainable Development: A Southern African perspective", *Environment&Urbanization*, Vol. 14, No. 1, 2002.

Jemsana-Mantashe, B. , "Foetal Alcohol Syndrome still a Problem in E Cape: 2018", https: //www. sabcnews. com/sabcnews/foetal-alcohol-syndrome-still-a-problem-in-e-cape/.

Jick, T. D. , "Mixing Qualitative and Quantitative Methods: Triangulation in Action", *Administrative Science Quarterly*, Vol. 24, No. 4, 1979.

Jourdan, P. , "Spatial Development Initiatives (SDIs) -the Official View", *Development Southern Africa*, Vol. 15, No. 5, 1998.

JTC, "About JTC: Overview 2013", http: //www. jtc. gov. sg/About-JTC/Pages/default. aspx.

Kanbur, R. , Venables, A. J. , "Spatial Disparities and Economic Development" in Held, D. , Kaya, A. , *Global Inequality: Patterns and Explanations*, Cambridge and Malden, Polity Press, 2007.

Kaplan, D. , Morris, M. , Martin, L. , "Identifying and Developing Sustainable Interventions to Promote Non-Automotive Industries in the Eastern Cape", Report prepared for National Treasury, 2014.

KPMG, *Afeica Incentive Survey 2016*: KPMG, 2016.

KPMG, "Africa Incentive Survey 2018", https://home. kpmg/content/dam/kpmg/za/pdf/2018/November/Africa_ Incentive_ Survey_ 2017_ 2018_ 2nd%20Edition. pdf.

Krugman, P., *Geography and Trade*, Cambridge: MIT Press, 1991.

Lai, H. H., *SEZs and Foreign Investment in China: Experience and Lessons for North Korean Development*, Asian Perspective, 2006.

Lall, S. V., Chakravorty, S., "Industrial Location and Spatial Inequality: Theory and Evidence from India", *Review of Development Economics*, Vol. 9, No. 1, 2005.

Lawler, B., *The South African Government's Initiative to Optimise the Economy Through the Industrial Development Zones*; University of Natal, Durban, 2003.

Leong, C. K., "Special Economic Zones and Growth in China and India: An Empirical Investigation", *International Economics and Economic Policy*, Vol. 10, No. 4, 2013.

Lester, A., Nel, E., Binns, T., *South Africa: Past, Present and Future*, Harlow: Pearson, 2000.

Liang, Z., "Foreign Investment, Economic Growth and Temporary migration: The Case of Shenzhen Special Economic Zone, China", *Development and Society*, Vol. 28, No. 1, 1999.

Tong, D., Feng, C-C., Deng, J-J., "Spatial evolution and Cause Analysis of Urban Villages: A Case Study of Shenzhen Special Economic Zone", *Geographical Research*, No. 3, 2011.

Wei, X., "Acquisition of Technological Capability Through Special Economic Zones (SEZs): The Case of Shenzhen SEZ", *Industry and Innovation*, Vol. 7, No. 2, 2000.

Lin, J., "How to Seize the 85 Million Jobs Bonanza", http://

blogs. worldbank. org/developmenttalk/how-to-seize-the-85-million-jobs-bonanza.

Luiz, J. M. , "The Relevance, Practicality and Viability of Spatial Development Initiatives: A South African Case Study", *Public Administration & Development*, Vol. 23, No. 5, 2003.

Mail & Guardian, "South African Special Economic Zones Programme: 2019", https://mg. co. za/article/2019-07-26-00-south-african-special-economic-zones-programme/.

Maluleke, R. , *Coega Special Economic Zone*, 2018: *Statistics South Africa*, 2019.

Marshall, A. , *The Principles of Economics*, 8th ed. London: Macmillan and Co. , Ltd. , 1890/1920.

Wolman, H. , Hincapie, D. , *Clusters and Cluster-Based Development: A Literature Review and Policy Discussion*, Washington: George Washington Institute of Public Policy (GWIPP), 2010.

Martin, R. , Sunley, P. , "Deconstructing clusters: chaotic concept or policy panacea?", *Journal of Economic Geography*, Vol. 3, No. 1, 2003.

Mccallum, J. K. , Export Processing Zones: Comparative Data from China, Honduras, Nicaragua and South Africa, ILO, 2011.

Mccarthy, C. L. , "Export Processing Zones as an Element of Export-Oriented and Regional Industrial Development", *Development Southern Africa*, Vol. 3, No. 3, 1986.

Mdttshwa, S. , Hendrickse, R. , "Coega and East London industrial development zones (IDZs): the financial and socio-economic impact of the Eastern Cape IDZs and Their prospects", *Public and Municipal Finance*, Vol. 6, No. 3, 2017.

Meyer, G. , Schroeder, J. , Gajjar, Y. , *Skill Training and Development at Coega*, 2016.

Moore, J. F. , "Predators and Prey: A New Ecology of Competition", *Har-*

vard Business Review, Vol. 71, No. 3, 1993.

National Treasury, "Public-sector infrastructure update 2016", http: // www. treasury. gov. za/documents/national% 20budget/2016/review/Annexure% 20b. pdf.

Nattrass, N. , Seekings, J. , "Job Destruction in Newcastle: Minimum Wage-Setting and Low-Wage Employment in the South African Clothing industry", *Transformation*, Vol. 84, 2014.

Nel, E. , Rogerson, C. M. , "Re-Spatializing Development: Reflections from South Africa's Recent Re-Engagement with Planning for Special Economic Zones", *Urbani izziv*, Vol. 25, 2014.

Nel, E. L. , Rogerson, C. M. , "Re-thinking Spatial Inequalities in South Africa: Lessons from International Experience", Urban Forum, Vol. 20, No. 2, 2009.

Nel, E. , Rogerson, C. M. , "Special Economic Zones in South Africa: Reflections from International Debates", *Urban Forum*, Vol. 24, No. 2, 2013.

Nel, E. , "Export Processing Zones: International Experience and Applicability in South Africa ", *Development Southern Africa*, Vol. 11, No. 1, 1994.

Nkasa, V. , Mouchili, I. , Raflou, S. , *Financial Performance of Coega*, 2016.

Nkasa, V. , *Operation of Coega*, 2016.

Nyakabawo, W. , *The Geographic Designation of Special Economic Zones*, TIPS. 2014.

Perroux, F. , "Note on the Concept of ' Growth Poles ' ", in Mckee, D. L. , Dean, R. D. , Leahy, W. H. , *Regional Economics: Theory and Practice*, New York: Free Press, 1955/1970.

Perroux, F. , "Economic Space: Theory and Applications", *Quarterly Journal of Economics*, Vol. 64, No. 1, 1950.

Pisa, N. , Rossouw, R. , Viviers, W. , "Identifying Industrial Clusters for

Regional Economic Diversification: The Case of South Africa's North West Province", *International Business & Economics Research*, Vol. 14, No. 3, 2015.

Presidential Infrastructure Coordinating Commission, "A Summary of the South African National Infrastructure Plan", https://www. gov. za/sites/default/files/PICC_ Final. pdf.

Development Bank of Southern Africa and the Presidency, *The State of South Africa's Economic Infrastructure: Opportunities and Challenges* 2012, 2012.

Republic of South Africa, *Special Economic Zones Act* 16 *of* 2014, May 19, 2014.

Rochette, J. C., Tirole, J., "Two-Sided Markets: An Overview", IDEI-CEPR Conference on Two-Sided Markets, Toulouse, 2004.

Rochette, J. C., Tirole, J., "Platform Competition in Two-Sided Markets", *Journal of the European Economic Association*, Vol. 1, No. 4, 2003.

Rogerson, C. M., Nel, E., "Redressing inequality in South Africa: The Spatial Targeting of Distressed Areas", *Local Economy*, Vol. 31, No. 1 – 2, 2016.

Rogerson, C. M., "Spatial development initiatives in Southern Africa: the Maputo development corridor", *Tijdschrift voor economische en sociale geografie*, Vol. 92, No. 3, 2001.

Roson, R., "Two-Sided Markets: A Tentative Survey", *Review of Network Economics*, Vol. 14, No. 2, 2005.

Roux, N. L., Schoeman, A., "A Comparative Analysis of the Design of Special Economic Zones: The Case of South Africa, Malaysia and Indonesia", *Journal of Economic and Financial Sciences*, No. 9, 2016.

Schwab, K., Sala-I-Martin, X., *The Global Competitiveness Report* 2015 – 2016, , World Economic Forum: Geneva, 2016.

Schwab, K., Sala-I-Martin, X., *The Global Competitiveness Report, 2019*,

Geneva: World Economic Forum, 2019.

Sithebe, N., Rustomjee, Z., *Coega's Integration with the Local Industries outside of its Zones and Impact on Employment Creation*, 2016.

Smit, G., *Performance of Coega*, 2016; Nkasa, V., Mouchili, I., Raflou, S., *Financial Performance of Coega*, 2016.

Smit, G., *Performance of Coega*, 2016.

Tang, V. T. (2008). "Zoning in on South Africa's Industrial Development Zones", https://www.semanticscholar.org/paper/Zoning-in-on-South-Africa%E2%80%99s-Industrial-Development-Tang/a60151e38b61a013761d2f8e5f3a9566f52e5744#paper-header.

The Economist, "Made in China?", March 12, 2015.

The Presidency, *National Spatial Development Perspective*, Pretoria, 2006.

The Presidency, *National Spatial Development Perspective*, Pretoria: The Presidency, 2007.

The World Bank, *Doing Business* 2020, Washington, D. C., 2020.

Thompson, L., "Alternative South-South Development Collaboration? The Role of China in the Coega Special Economic Zone in South Africa", *Public Administration and Development*, Vol. 39, No. 4 – 5, 2019.

Tomlinson, R., Addleson, M., *Regional Restructuring under Apartheid: Urban and Regional Policies in Contemporary South Africa*, Johannesburg: Ravan Press., 1987.

Transnet, "Port Elizabeth Terminal: 2019", https://www.transnetportterminals.net/Ports/Pages/PortElizabeth_ Multi.aspx.

Turok, I., "Spatial Economic Disparities in South Africa: Towards A New Research and Policy Agenda", ESSA Conference, Stellenbosch. 2011.

UNCTAD, *World Investment Report* 2019: *Special Economic Zones*, Geneva, 2019.

UNDP/IPRCC: *The United Nations Development Programme (UNDP) and*

The International Poverty Reduction Center in China（*IPRCC*），2015.

Venables, A. J., Kanbur, R., *Spatial Inequality and Development*, *Overview of the UNU-WIDER Project*, New York: Oxford University Press, 2005.

Wahyuni, S., Astuti, E. S., Utari, K. M., "Critical Outlook at Special Economic Zone in Asia: A Comparison between Indonesia, Malaysia, Thailand and China", *Journal of Indonesian Economy and Business*, Vol. 28, No. 3, 2013.

Wang, X., *Incentives for FDI*, 2016.

Wang, Y., Yang, C., "Assessing Special Economic Zones in China with the Multi-Sided Platform Model", *Journal of Governance and Regulation*, Vol. 6, No. 2, 2017.

Wang, Y. & Yang, C., "Assessing Special Economic Zones in China with the Multi-Sided Platform Model", *Journal of Governance and Regulation*, No. 6, 2017.

Weber, A., *Theory of Location of Industries*, 5th ed. U. S.: University of Chicago Press, 1909/1929.

Wellings, P., Black, A., "Industrial Decentralisation under Apartheid: The Relocation of Industry to the South African Periphery", *World Development*, Vol. 14, No. 1, 1986.

Whitfiled, A., *Administrative Process in South Africa Government and Views on Coega*, 2016.

Wilsenach, A. A. L. A., "Special Economic Zones as an Instrument to Stimulate Export Production and Economic Growth within South Africa", *Development Southern Africa*, Vol. 9, No. 4, 1992.

World Bank, *Reshaping Economic Geography: World Development Report 2009*, Washington, D. C.: World Bank, 2009; Nel, E. L., Rogerson, C. M., "Re-Thinking Spatial Inequalities in South Africa: Lessons from International Experience", *Urban Forum*, Vol. 20, No. 2, 2009.

Yao，H.，*Coega SEZ Performance Interview*，2016.

Yeung，Y-M，Lee，J.，Kee，G.，"China's Special Economic Zones at 30"，*Eurasian Geography and Economics*，Vol. 50，No. 2，2009.

Zarenda，H.，"Special Missing Zones in South Africa's Policy on Special Economic Zones"，*Stellenbosch：Tralac Trade Brief*，Vol. 12，No. 4，2012.

Zeng，D. Z.，"Global Experiences with Special Economic Zones：Focus on China and Africa"，*World Bank Policy Research Working Paper*，2015.

Zeng，D. Z.，"Special Economic Zones：Lessons from the Global Experience"，*Synthesis Pieces Series*，2019.

《通过确认考核的境外经贸合作区名录》，http：//fec. mofcom. gov. cn/article/jwjmhzq/article01. shtml。

《华侨新闻报》：《南非工会启示录：这些年来他们究竟为工人做了些什么》，http：//www. nanfei8. com/news/nanfeishishi/2016-05-10/30275. html。

北京市投资促进服务中心：《北京市天竺综合保税区：2020》，http：//invest. beijing. gov. cn/tzbj/tzysjgk/cyyqydx/gjjkfq/bjtzzhbsq/201912/t20191208_ 969341. html。

南非园区设计者、开发者、运营者问卷调查表

Questionnaire for Special Economic Zone Designer/Developer/Operator

The goal of this survey is to gather information and opinions about the business environment and the development, operation and management of SEZs in South Africa from the perspective of SEZ designers, developers, and operators. The information gathered here will help to finish the Ph.D. thesis of Chongsheng Yang with the topic of special economic zones in South Africa. The information obtained here will be held in the strictest confidentiality. Neither your name nor the name of your organisation will be used in any document based on this survey.

Name:
Date:
You are from:
□ Government department operating SEZs
□ Educational institutions or research centres
□ Private SEZ operation companies
Language:
Name of city/town/village:

Which SEZ program did you participate (are currently participating/will probably participate) in South Africa? (multiple choice)

Designated

Name	Province
□ Coega IDZ	Eastern Cape
□ East London IDZ (ELIDZ)	Eastern Cape
□ Richards Bay IDZ (RBIDZ)	Kwa-Zulu Natal
□ Dube TradePort (DTPIDZ)	Kwa-Zulu Natal
□ Saldanha Bay IDZ (SBIDZ)	Western Cape
□ OR Tambo (ORTIDZ)	Gauteng
□ Maluti-a-Phofung (Approved)	Free State

Proposed

Region	Province
□ Mthata	Easter Cape
□ Harrismith	Free State
□ Johannesburg	Gauteng
□ Tubatse	Limpopo
□ Musina	Limpopo
□ Nkomazi	Mpumalanga
□ Upington	Northern Cape
□ Bojanala	North West
□ Atlantis	Western Cape

1

Section 1: Locations, infrastructure, facilities and services

1.1 Please select the most appropriate rating scale for each statement below. To what degree are the following FACTORS IMPORTANT FOR DETERMINING THE LOCATION of an SEZ? Please circle and rank them. A rating of one (1) indicates the lowest level of importance with the statement, five (5) the highest, details see below.

Score	1	2	3	4	5	N/A
Indication	Not at all important	Slightly important	Moderately important	Fairly important	Very important	Not applicable

	1	2	3	4	5	N/A	RANK
a) Factors directly related to production activities and value chain such as raw materials, suppliers' quality, design and other value chain related functions							
b) Factors relating to connecting technologies such as port and airport infrastructure, transport, IT connectivity, logistics and software service providers							
c) Factors related to the government policies such as land allotment, tax breaks at both central and state level, taxes when outsourced locally outside the SEZ and also when sold							
d) Factors relating to the availability and quality of the resources: natural resources such as raw materials, water, industrial inputs such as power, human resources and their productivity, management skills for global sourcing, global marketing and global human resource management and availability financial inputs such as venture capital firms and so on							

1.2 Who owned the land of SEZ (the SEZ program you participate) before?

☐ Private land owners ☐ government ☐ others ☐ DON'T KNOW

1.3 If there any resettlements because of the SEZ establishment?

☐ YES ☐ NO ☐ DON'T KNOW

If so, what is the number of resettlement?

Householders: ....

Is it available to estimate the magnitude of compensation?

....

....

2

205

1.4 Please check the most appropriate rating scale for each statement below. To what degree are the following indicators of <u>LINKAGES WITH SURROUNDING AREAS</u> important for the location selection of an SEZ? Please check and rank them. A rating of one (1) indicates the lowest level of importance with the statement, five (5) the highest, details see below.

Score	1	2	3	4	5	N/A
Indication	Not at all important	Slightly important	Moderately important	Fairly important	Very important	Not applicable

	1	2	3	4	5	N/A	RANK
a) Physical distance to the available amenities							
b) Availability of amenities in main town							
c) Availability of labour force							
d) Quality of local labour							
e) Distance from the existing clusters							
f) Adjacent development of public sectors							
Others							
g)							
h)							

3

Section 2: SEZ design

2.1 To what degree are the following MOTIVATORS important to establish an SEZ in South Africa? Please check and rank them. A rating of one (1) indicates the lowest level of importance with the statement, five (5) the highest, details see below.

Score	1	2	3	4	5	N/A
Indication	Not at all important	Slightly important	Moderately important	Fairly important	Very important	Not applicable

	1	2	3	4	5	N/A	RANK
a) Increasing exports of value added products							
b) Measurable improvement in levels of localization and related value chains							
c) Increasing beneficiation of mineral and agricultural resources							
d) Attracting foreign direct investment (FDI) and increasing flow of FDI							
e) Increasing job opportunities							
f) Transferring new skills and expertise to local human resources							
g) Creation of industrial hubs, clusters and value chains in underdeveloped areas							
h) Creating backward and forward linkages to increase the output and raise the standard of local enterprises that supply goods and services to the zone							
i) Developing backward regions by locating such zones in these areas and attracting industries							
j) Stimulating sectors regarded as strategically important to the economy (e.g. electronics, IT, research and development, tourism, infrastructure and human resource development)							

2.2 Which type of SEZ, as you consider, can be the "testing lab" for the economic growth in South Africa?

☐ A multi-product SEZ where several companies belonging to different industry verticals with varying logistics and knowledge requirements

☐ A cluster oriented SEZ where companies in the zone have the same logistics, maintenance and repair knowledge and financial requirements and can share the corresponding facilities

☐ Both would be helpful

☐ DON'T KNOW

4

2.2 Please check the most appropriate rating scale for each statement below. To what degree are the following indicators important for the DESIGN of an SEZ? Please check and rank them. A rating of one (1) indicates the lowest level of importance with the statement, five (5) the highest, details see below.

Score	1	2	3	4	5	N/A
Indication	Not at all important	Slightly important	Moderately important	Fairly important	Very important	Not applicable

	1	2	3	4	5	N/A	RANK
CONNECTING TECHNOLOGIES							
a) A good logistics and transportation infrastructure							
b) Information infrastructure							
RESOURCES AND MANAGEMENT							
c) Corporation with educational institutions and research centres							
d) Matched financial services for SEZ enterprise							
e) Quality and availability of natural resources, industrial input, human resources and availability of financial input							
VERTICAL INDUSTRY SUPPLY CHAIN SUPPLY NETWORK							
f) Industry linkages between SEZ enterprises							
g) Mature and sophisticated industry modular supply chain							
ECONOMIC INTEGRATION							
h) Economic integration of host country (South Africa) into the global economy (FTAs, IP, excise duties, etc.)							
Others							
i)							
j)							

2.2 As you consider, which type of firm should be permitted to (re)locate in an SEZ?
☐ Existing firm with operations in host country (South Africa)
☐ New firm without operations in host country (South Africa)
☐ DON'T KNOW

2.3 As you consider, which department of a company should be permitted to (re)locate in an SEZ in South Africa?
☐ Financial and marketing departments of strategy planning companies
☐ Core product technology and R&D departments of technical companies
☐ Other key departments of a company
☐ DON'T KNOW

5

Section 3: SEZ tax incentives and services

3.1 From your perspective, which SEZ tax incentive is most attractive for potential investors and SEZ enterprises in South Africa?

Score	1	2	3	4	5	N/A
Indication	Not attractive	Slightly attractive	Moderately attractive	Fairly attractive	Very attractive	Not applicable

	1	2	3	4	5	N/A	RANK
a) VAT and customs relief							
b) Employment Tax Incentives (ETI)							
c) Building Allowance							
d) Reduced corporate income tax rate (15% reduced)							

3.2 Please check the most appropriate rating scale for each statement below. To what degree are the following SERVICES important for potential SEZ investors/enterprises? Please check and rank them. A rating of one (1) indicates the lowest level of importance with the statement, five (5) the highest, details see below.

Score	1	2	3	4	5	N/A
Indication	Not at all important	Slightly important	Moderately important	Fairly important	Very important	Not applicable

	1	2	3	4	5	N/A	RANK
a) To help investors with physical planning of the zone development							
b) To simplify process of obtaining business licenses							
c) To facilitate a single point access to basic utilities required for setting up operating industrial zone and other establishments							
d) To assist current and potential future tenants to understand and access the portfolio of sector-specific incentives and support measures available							
e) To help zone enterprises update the investment information of the host country							
f) To facilitate access of investors to direct or indirect financial assistance to set up their business in the zones							
g) To focus on increasing specialization of facilities catering to the unique needs of your company							
h) To assist in maintaining environmental standards and obtaining environmental approvals							
Others							
a)							

6

Section 4: SEZ's operation and management

4.1 Which group do you think should participate in the SEZ program and play an active role in its operation and management?

☐ Private sectors
☐ Government departments
☐ Both
☐ DON'T KNOW

4.2 Which operational model do you consider is the most suitable one for the SEZ in South Africa?

☐ Assembly of land parcels with secure title and development rights by the government for lease to private zone development groups
☐ Build-operate-transfer approaches to onsite zone infrastructure and facilities with government guarantees and/or financial support
☐ Contracting private management for government-owned zones or lease of government-owned assets by a private operator
☐ DON'T KNOW

4.3 What role do you think the government should play in the development, operation and management of SEZs in South Africa?

☐ A dominator to control everything
☐ A superior to supervise the operation and management of SEZs
☐ An assistant to help SEZ operator for promoting its performance
☐ DON'T KNOW

7

Section 5: Macro-environment for investing in South Africa

5.1 Please check the most appropriate number for each statement below and rank them in order of the degree of your agreement in determining your decision. To what degree are the following indicators _an INCENTIVE to do business or invest in South Africa for investors_? A rating of one (1) indicates the lowest level of agreement with the statement, five (5) the highest, details see below.

Score	1	2	3	4	5	N/A
Indication	Ineffective	Weak	Moderate	Strong	Effective	Not applicable

	1	2	3	4	5	N/A	RANK
a) **Infrastructure**							
b) **Political and economic stability**							
c) **Efficiency of legal framework**							
d) **Efficiency of government administration**							
e) **Goods market efficiency**							
f) **Labour market efficiency**							
g) **Financial market development**							
h) **Technological readiness**							
i) **Market size**							
j) **Business sophistication**							
Others							
k)							
l)							

8

211

5.2 Please check the most appropriate number for each statement below and rank them in order of the degree of your agreement in determining your decision. To what degree are the following indicators *a CONSTRAINT to do business or invest in South Africa for investors*? A rating of one (1) indicates the lowest level of agreement with the statement, five (5) the highest, details see below.

Score	1	2	3	4	5	N/A
Indication	Not a constraint	Minor constraint	Moderate constraint	Major constraint	Severe constraint	Not applicable

	1	2	3	4	5	N/A	RANK
a) Restrictive labour regulations							
b) Inefficient government bureaucracy							
c) Inadequate supply of infrastructure							
d) Macroeconomic stability							
e) Policy instability/uncertainty							
f) Inadequately educated workforce							
g) Crime and theft							
h) Corruption							
i) Poor work ethic in labour force							
j) Insufficient capacity to innovate							
k) Tax rates							
l) Foreign currency regulations							
m) Complexity of tax regulations							
n) Inflation							
o) Poor public health							
p) Electricity							
q) Business licensing							
Others							
r)							
s)							

9

212

Section 6: Evaluation of SEZ performance

6.1 Please check the most appropriate number for each statement below and rank them in order of the degree of your agreement in determining your decision. To what degree are the following indicators *an INCENTIVE of (re)locating in an SEZ for investors*? A rating of one (1) indicates the lowest level of agreement with the statement, five (5) the highest, details see below.

Score	1	2	3	4	5	N/A
Indication	Ineffective	Weak	Moderate	Strong	Effective	Not applicable

	1	2	3	4	5	N/A	RANK
a) **Geographical location**							
b) **Efficiency of transport and logistics**							
c) **Well-constructed infrastructure, facilities, and amenities**							
d) **Preferential corporate tax rate**							
e) **Qualified worker skills/labour quality**							
f) **Labour cost**							
g) **Labour regulations**							
h) **Clear and strategic relevant SEZ policies**							
i) **Beneficial SEZ laws and regulations**							
j) **Access to land**							
k) **Land (rental/leased) price**							
l) **Simplified business licensing process**							
m) **Close industrial linkage within the zone**							
n) **One-stop service in SEZ**							
o) **Efficiency of the SEZ operator**							
Others							
p)							
q)							

10

213

6.2 Please check the most appropriate number for each statement below. To what degree are the following indicators *an OBSTACLE to the development, operation and management of SEZs in South Africa for investors*? **Please circle and rank them. A rating of one (1) indicates the highest level of agreement with the statement, five (5) the lowest, details see below.**

Score	1	2	3	4	5	N/A
Indication	No obstacles	Minor obstacle	Moderate obstacle	Major obstacle	Very severe obstacle	Not applicable

	1	2	3	4	5	N/A	RANK
a) Geographical location							
b) Transport							
c) Infrastructure and facilities							
d) Electricity supply							
e) Telecommunication							
f) Worker skills/labour quality							
g) Labour cost							
h) Industrial linkage							
i) Crime, safety and security							
j) Customs and trade regulation							
k) Unclear and lagging relevant SEZ policies							
l) Incomplete and suspending SEZ laws and regulations							
m) Access to land							
n) Land (rental) price							
o) Business licensing							
p) Efficiency of the SEZ operator							
Others							
q)							
r)							

11

214

附录 B

南非园区入驻企业问卷调查

Questionnaire for (re)located companies in a Special Economic Zone

The goal of this survey is to gather information and opinions about the investing climate in South Africa and the evaluation of the performance of SEZs from those already (re)located companies. The information gathered here will help to finish the Ph.D. thesis of Chongsheng Yang with the topic of evaluating special economic zones in South Africa. The information obtained here will be held in the strictest confidentiality. Neither your name nor the name of your business will be used in any document based on this survey.

THIS PAGE IS FOR

Name:
Date:
Company/organisation:
Title:
Department:
Country:
Language:
Name of city/town/village:
Establishment is part of a larger firm: ☐ YES ☐ NO, a firm on its own
Number of establishments that form the firm ....

Industry

1. Food	☐	11. Plastics & rubber	☐
2. Tobacco	☐	12. Non-metallic mineral products	☐
3. Textiles	☐	13. Basic metals	☐
4. Garments	☐	14. Fabricated metal products	☐
5. Leather	☐	15. Machinery and equipment	☐
6. Wood	☐	16. Electronics	☐
7. Paper	☐	17. Precision instruments	☐
8. Publishing, printing, and Recorded media	☐	18. Transport equipment	☐
9. Refined petroleum product	☐	19. Furniture	☐
10. Chemicals	☐	20. Recycling	☐

1

Which SEZ is your company (re)located in at present?

Designated

Name	Province
☐ Coega IDZ	Eastern Cape
☐ East London IDZ (ELIDZ)	Eastern Cape
☐ Richards Bay IDZ (RBIDZ)	Kwa-Zulu Natal
☐ Dube TradePort (DTPIDZ)	Kwa-Zulu Natal
☐ Saldanha Bay IDZ (SBIDZ)	Western Cape
☐ OR Tambo (ORTIDZ)	Gauteng
☐ Maluti-a-Phofung (Approved)	Free State

Proposed

Region	Province
☐ Mthata	Eastern Cape
☐ Harrismith	Free State
☐ Johannesburg	Gauteng
☐ Tubatse	Limpopo
☐ Musina	Limpopo
☐ Nkomazi	Mpumalanga
☐ Upington	Northern Cape
☐ Bojanala	North West
☐ Atlantis	Western Cape

2

216

Section 1: General Information and Business Operation

1.1 Are your HQ and establishment located in the same SEZ?

☐ HQ with production and/or sales in this location
☐ Establishment physically separated from both HQ and other establishments of the same firm
☐ Establishment physically separated from HQ, but is located in the same SEZ as other establishments of the same firm
☐ DOES NOT APPLY

1.2 What is your company's current legal status?

☐ Shareholding company with shares traded in the stock market
☐ Shareholding company with non-traded shares or shares traded privately
☐ Sole proprietorship
☐ Partnership
☐ Limited partnership
☐ DON'T KNOW

1.3 What percentage of your company is owned by each of the following:

Private domestic individuals, companies or organizations;	%
Private foreign individuals, companies or organizations;	%
Government/State;	%
Other	%
	100%

☐ DON'T KNOW

1.4 At the end of last fiscal year, how many permanent, full-time individuals and how many contract workers (i.e. non-permanent) worked in your company? Please include all employees and managers (Permanent, full-time employees are defined as all paid employees that are contracted for a term of one or more fiscal years and/or have a guaranteed renewal of their employment contract and that work a full shift)

Permanent, full-time workers at end of last fiscal year:

....
Contract workers at end of last fiscal year:

....
☐ DON'T KNOW

1.5 What is the employment structure of the total workforce in your company?

White	%
Coloured	%
Asian	%
African	%
	100%

☐ DON'T KNOW

1.6 In the last fiscal year, what percentage of your company's sales were:

National sales	%

3

217

Indirect exports (sold domestically to third party that exports products)	%
Direct exports	%
	100%
☐ DON'T KNOW	

4

Section 2: Locations, infrastructure, facilities and services

2.1 Which of the following modes of transportation do you consider the most important for your employees' commuting?

☐ Bus
☐ Mini-bus taxi
☐ Train
☐ Private vehicle
Others please specify:
....

2.2 Which transportation infrastructure does the company's logistics rely on most?

☐ Highway
☐ Railway
☐ Sea transport
☐ Air
Others please specify:
....

2.3 Please check the most appropriate rating for each statement below. How do you think of the access to the transportation infrastructure around the SEZ which your company (re)locates in?

	Unsatisfactory	Acceptable	Very satisfactory	N/A	RANK
a) **Access to main highway**					
b) **Access to railway line**					
c) **Access to main sea port**					
d) **Access to major airport**					
e) **Access to inland container terminal**					
f) **Access to land port/customs**					

5

2.4 Please check the most appropriate rating for each statement below. What do you think of the infrastructure in the SEZ in which your company (re)locates?

	Unsatisfactory	Acceptable	Very satisfactory	N/A	RANK
a) Water supply					
b) Electricity supply					
c) Gas supply					
d) Sewage system					
e) Rain discharge system					
f) Internet access					
g) Fixed telephone line					
h) Cellular signal network and strength					
i) Well-organised factory layout for following manufacturing					

2.5 Over the last fiscal year, did your company experience power outages?

☐ YES   ☐ NO   ☐ DON'T KNOW

2.6 If you answered yes to the previous question, how many times, as you observed, did the power outages happen per month?

☐ LESS THAN FIVE
☐ FIVE TO TEN
☐ MORE THAN TEN
☐ DON'T KNOW

2.7 How long did these power outages last on average?

☐ LESS THAN ONE HOUR
☐ ONE TO TWO HOURS
☐ MORE THAN TWO HOURS
☐ DON'T KNOW

6

2.8 Please check the most appropriate rating scale for each statement below. To what degree are the following indicators of LINKAGES WITH THE SURROUNDING AREAS important for your company to (re)locate in an SEZ? **Please check and rank them. A rating of one (1) indicates the lowest level of importance with the statement, five (5) the highest; see details below.**

Score	1	2	3	4	5	N/A
Indication	Not at all important	Slightly important	Moderately important	Fairly important	Very important	Not applicable

	1	2	3	4	5	N/A	RANK
a) Physical distance to the available amenities							
b) Availability of amenities in main town							
c) Availability of skilled labour force							
d) Availability of semi-skilled labour force							
e) Quality of local skilled labour							
f) Quality of local unskilled labour							
g) Distance from the existing industrial-related clusters							
Other							
h)							
i)							

2.9 Please evaluate the location, infrastructure and facilities, and surrounding environment of the SEZ which your company (re)locates in.

	Unsatisfactory	Acceptable	Very satisfactory	N/A	RANK
a) Location					
b) Infrastructure and facilities					
c) Linkage with surrounding areas					

7

221

Section 3: Tax incentives, preferential policies and SEZ services

3.1 Please rate the attractiveness of the following incentives for your company for your company to (re)locate in the SEZ?

Score	1	2	3	4	5	N/A
Indication	Not attractive	Slightly attractive	Moderately attractive	Fairly attractive	Very attractive	Not applicable

	1	2	3	4	5	N/A	RANK
a) VAT and customs relief							
b) Employment Tax Incentives (ETI)							
c) Building Allowance							
d) Reduced corporate income tax rate (15% reduced)							

3.2 Was your company eligible for an accelerated depreciation allowance for buildings?

☐ YES ☐ NO ☐ DON'T KNOW

If so, how much was eligible (in percentage)?

Percentage: ....

☐ DON'T KNOW

3.3 Is your company located within a customs controlled area?

☐ YES ☐ NO ☐ DON'T KNOW

3.4 If your land is rented or leased, did you receive any discount on the rental or leasing price?

☐ YES ☐ NO ☐ DON'T KNOW

If so, was this discount included in any package which was designated as an incentive of the SEZ?

☐ YES ☐ NO ☐ DON'T KNOW

If yes, what level of discount can you receive? Please specify:

....

3.5 Is your company entitled to the Employment Tax Incentives (ETI)?

☐ YES ☐ NO ☐ DON'T KNOW

If so, what is the amount of the total ETI calculated in respect of all qualifying employees in your company?

Number: ....

☐ DON'T KNOW

8

3.6 What other preferential policies did your company receive for locating in an SEZ? Please specify:

....

....

3.7 Please check the most appropriate rating scale for each statement below. To what degree are the following SERVICES important for the future strategy and development of your company in the SEZ? Please check and rank them. A rating of one (1) indicates the lowest level of importance with the statement, with five (5) the highest; see details below.

Score	1	2	3	4	5	N/A
Indication	Not at all important	Slightly important	Moderately important	Fairly important	Very important	Not applicable

	1	2	3	4	5	N/A	RANK
a) To help with physical planning of the zone development							
b) To simplify the process of obtaining business licenses							
c) To facilitate a single point access to basic utilities required for setting up operating industrial zone and other establishments							
d) To assist your company in understanding and accessing the portfolio of sector-specific incentives and support measures available							
e) To help your company update the investment information of the host country							
f) To increase specialization of facilities catering to the unique needs of your company							
Others							
g)							
h)							

9

223

Section 4: SEZ operation and management

4.1 For your company's benefit, if possible, which type of SEZ does your company have strong intention to (re)locate in?

☐ A multi-product SEZ with several companies belonging to different industries with varying logistics and knowledge requirements

☐ A cluster oriented SEZ where companies in the zone have the same logistics, maintenance and repair knowledge and financial requirements and can share the corresponding facilities

☐ Both would be helpful

☐ DON'T KNOW

4.2 As you observe, do other enterprises within the SEZ which your company (re)locates in belong to the same or related industry?

☐ YES

☐ NO

☐ DON'T KNOW

4.3 Which group do you think should participate in the SEZ program and play an active role in its operation and management?

☐ Private sector

☐ Government

☐ Both

☐ DON'T KNOW

4.4 Which operational model do you consider the most suitable for SEZs in South Africa?

☐ Assembly of land parcels with secure title and development rights by the government for lease to private zone development groups

☐ Build-operate-transfer approaches to onsite zone infrastructure and facilities with government guarantees and/or financial support

☐ Contracting private management for government-owned zones or lease of government-owned assets by a private operator

☐ DON'T KNOW

4.5 What role do you think the government should play in the development, operation, and management of SEZs in South Africa?

☐ Heavily dominant, maintaining a large amount of control

☐ Mainly supervising the operation and management of SEZs

☐ Assisting SEZ operators in promoting their preferred operation tactics and providing applicable support to zone enterprises

☐ DON'T KNOW

10

224

Section 5: Macro-environment for investing in South Africa

5.1 Please check the most appropriate number for each statement below and rank them in order of the degree of your agreement in determining your decision. To what degree are the following indicators _an INCENTIVE to do business or invest in South Africa for your company_? A rating of one (1) indicates the lowest level of agreement with the statement, with five (5) the highest; see details below.

Score	1	2	3	4	5	N/A
Indication	Ineffective	Somewhat Ineffective	Moderate	Somewhat effective	Effective	Not applicable

	1	2	3	4	5	N/A	RANK
a) **Infrastructure**							
b) **Political and economic stability**							
c) **Efficiency of legal framework**							
d) **Efficiency of government administration**							
e) **Goods market efficiency**							
f) **Labour market efficiency**							
g) **Financial market development**							
h) **Technological readiness**							
i) **Market size**							
j) **Business sophistication**							
Others							
k)							
l)							
m)							

11

225

5.2 Please check the most appropriate number for each statement below and rank them in order of the degree of your agreement in determining your decision. To what degree are the following indicators *a CONSTRAINT to do business or invest in South Africa for your company*? A rating of one (1) indicates the lowest level of agreement with the statement, with five (5) the highest; see details below.

Score	1	2	3	4	5	N/A
Indication	Not a constraint	Minor constraint	Moderate constraint	Major constraint	Severe constraint	Not applicable

	1	2	3	4	5	N/A	RANK
a) Restrictive labour regulations							
b) Inefficient government bureaucracy							
c) Inadequate supply of infrastructure							
d) Macroeconomic stability							
e) Policy instability/uncertainty							
f) Inadequately educated workforce							
g) Crime and theft							
h) Corruption							
i) Poor work ethic in labour force							
j) Insufficient capacity to innovate							
k) Tax rates							
l) Foreign currency regulations							
m) Complexity of tax regulations							
n) Inflation							
o) Poor public health							
p) Electricity							
q) Business licensing							
Others							
r)							
s)							
t)							

12

226

Section 6: Evaluation of SEZ performance

6.1 Please check the most appropriate number for each statement below and rank them in order of the degree of your agreement in determining your decision. To what degree were the following indicators *INCENTIVES to (re)locate to the current SEZ for your company's strategic development*? **A rating of one (1) indicates the lowest level of agreement with the statement, with five (5) the highest, details see below.**

Score	1	2	3	4	5	N/A
Indication	Ineffective	Somewhat Ineffective	Moderate	Somewhat effective	Effective	Not applicable

	1	2	3	4	5	N/A	RANK
a) Geographical location							
b) Efficiency of transport and logistics							
c) Well-constructed infrastructure, facilities, and amenities							
d) Preferential corporate tax rate							
e) Qualified worker skills/labour quality							
f) Labour cost							
g) Labour regulations							
h) Clear and strategic relevant SEZ policies							
i) Beneficial SEZ laws and regulations							
j) Access to land							
k) Land (rental/leased) price							
l) Simplified business licensing process							
m) Close industrial linkage with the zone							
n) One-stop service in SEZ							
o) Efficiency of the SEZ operator							

What other factors motivated your company to enter/located/relocate in this SEZ? Please specify:

p)							
q)							
r)							

13

6.2 Please mark with an X the most appropriate number for each statement below. To what degree are the following indicators _an OBSTACLE to the development of the current operations of the company/organisation in the SEZ area_? Please circle and rank them. A rating of one (1) indicates the highest level of agreement with the statement, five (5) the lowest, details see below.

Score	1	2	3	4	5	N/A
Indication	No obstacles	Minor obstacle	Moderate obstacle	Major obstacle	Very severe obstacle	Not applicable

	1	2	3	4	5	N/A	RANK
a) Geographical location							
b) Transport							
c) Infrastructure and facilities							
d) Electricity supply							
e) Telecommunication							
f) Worker skills/labour quality							
g) Skilled labour cost							
h) Semi-skilled labour cost							
i) Industrial linkage							
j) Crime, safety and security							
k) Customs and trade regulation							
l) Unclear and lagging relevant SEZ policies							
m) Incomplete and suspended SEZ laws and regulations							
n) Access to land							
o) Land (rental) price							
p) Business licensing							
q) Efficiency of the SEZ operator							

What other factors frustrate your company to develop in this SEZ? Please specify:

	1	2	3	4	5	N/A	RANK
r)							
s)							
t)							

14

后　记

在过去十年的科研中，我非常幸运，得到了很多人的帮助和关心。由衷感谢对我学术有指导、思想有启发和理想有鼓励的人。

感谢我的恩师王勇老师在学术上孜孜不倦的指导和生活上的亲切关怀，老师的言传身教和永不枯竭的研究灵感一直启迪着我，让我深深体会学无止境。感谢在南非调研期间对我的学术和生活同样无微不至关心的开普敦大学经济系 Antony Black 教授，如朋友如师生的关系以及他的广闻深思都让我受益匪浅。

感谢清华大学发展中国家项目和国际与地区研究院的所有老师和同学。得益于他们的支持，本人才得到赴南非深造调研的宝贵机会，并收集了大量的一手宝贵资料，对南非乃至非洲大陆的认知也得到了极大拓展。

感谢我读博期间结下深厚友情的朋友，他们在我烦闷和不如意时奉上了一次次经典笑料，在我需要帮助时毫不犹豫地伸出援手，堪称最佳损友典范。

感谢我所有的家人从小包容我的任何选择并给我无条件的支持，让我觉得很幸福。疫情期间在家，妈妈和三姨轮流每天给我做小龙虾、虾尾爆炒花螺肉、蒜泥白肉、蒜蓉生蚝等川湘菜系，把我养成了一个平淡无奇、油油腻腻的码字小天才。

感谢我的父亲鼓励我做带有半分天真的正直成年人。

最后用一首小诗表达对所有爱我和我爱的人的感谢：

感谢天真让我相信别人
感谢伪善让我了解诚恳
伤害我的人谢谢你们
让更多关怀成为可能

感谢伤痕让我学会容忍
感谢失败打开另一扇门
温暖我的人谢谢你们
让我的黑夜点满明灯

杨崇圣

2022 年 3 月